Perspektivenwechsel

Durch positive Psychologie
das Leben neu entdecken

Dr. Cemil Şahinöz

Nachdruck oder Vervielfältigungen, auch auszugsweise, bedürfen der schriftlichen Zustimmung des Autors.

Herstellung und Verlag:
BoD – Books on Demand, Norderstedt
ISBN 9783758369391
© 2024 Cemil Sahinöz www.misawa.de
Cover: Erman Doğan

Was immer du vom Herzen tust,

kommt zu dir zurück.

Inhalt

Vorwort

Motivationsseminare versprechen einem, dass man nach dem teuer bezahlten Workshop, alles im Leben erreichen kann, wenn man nur stark genug daran glaubt. Weil man also nicht an sich selbst glaubt, bezahlt man andere, um an sich selbst zu glauben und in verschiedenen Bereichen des Lebens "erfolgreich" zu werden. Erfolg wird in solchen Fällen dann fast immer mit Reichtum, Ruhm, Schönheit und Materielles definiert. Eine Zeitlang klappt das auch tatsächlich. Immerhin hat man viel Geld für das Seminar ausgegeben und man müsste sich eingestehen, dass man sich selbst beirren ließ, wenn es nicht funktionieren würde. Nach einer Weile tritt jedoch die pure Realität ein und man ist in dem gleichen Zustand wie vor dem Seminar (mit etwas weniger Geld). Der gleiche Effekt trifft auch bei Autoren von Selbsthilfeanleitungen, die 200 Seiten zu einer Methode schreiben, welches man auf 2 Seiten zusammenfassen könnte, zu.

Der Grund, warum „Tschakka, du schaffst es", „sich vor den Spiegeln zu stellen und sich selbst etwas einzureden" und ähnliche Methoden nicht (langfristig) funktionieren, ist, dass sie der Natur des Menschen widersprechen. Sie sprechen häufig mit Scheinlösungen nur das Ego des Menschen an und haben zum Ziel, ihn materiell zu befriedigen. Daher sind sie mit der Wesenheit des Menschseins nicht im Einklang. Auch missbrauchen Life Coaches und Ratgeber öfters positive Gefühle, um reicher und schöner zu werden. Dies klappt jedoch nur kurzfristig, da unechte, gespielte oder gekünstelte Achtsamkeit, Dankbarkeit oder Bescheidenheit keine langfristige positive Wirkung haben kann. Durch das "so tun als ob" lässt die Wirkung nach. Sie kommen eben nicht vom "Herzen". Daher müssen diese Gefühle mit Überzeugung und vom Inneren kommen, und eben nicht mit dem Ziel, reich und schöner zu werden. Zudem sind die „Tschakka"-Methoden nicht universal kompatibel. Einzelne Methoden können bei bestimmten Menschen zum Erfolg führen, jedoch sind keine Methoden und Google-Weisheiten universal übertragbar.

Auch dieses Buch wird nicht für jeden eine Lösung bieten. Sie hat auch nicht das Ziel, den Leser wirtschaftlich erfolgreicher, materiell reicher oder körperlich schöner zu machen. Das Buch hat vielmehr den viel bescheideneren Anspruch, eine andere Perspektive und Betrachtungsweise vorzustellen. Hierfür beruft sie sich auf die Ergebnisse von Erfahrungen und Erkenntnissen aus Therapie, Beratung und Seelsorge.

Die Grundidee dieses Buches ist es daher, eine positive Grundeinstellung und Betrachtungsweise hervorzurufen. Dass bedeutet, jedem Zustand positiv zu begegnen.

Heißt das jedoch, dass es nichts Negatives gibt? Dass alles Friede, Freude, Eierkuchen ist? Soll man alles aus der rosaroten Brille heraus betrachten? Nein, keineswegs.

Das Wort "positiv" ist gegenwärtig leider negativ besetzt, um es mal in einem Wortspiel zu formulieren. Aufgrund von "positiven" Testergebnissen bei Virustests oder durch die ständige Instrumentalisierung des Begriffs durch Erfolgs-Coaches und Life-Coaches für das eigene Kapital, ist das Wort schon ausgelutscht. "Positivdenker" nerven nur noch, weil sie die Realität verdrängen.

Positive Psychologie, oder Positive Healing, bedeutet aber nicht Beschönigen, sondern Tatsachen und die Realität, so wie sie sind, zu akzeptieren, positive Aspekte darin zu erkennen und positiv darauf zu reagieren. Denn auch aus scheinbar negativen Ereignissen kann man das Positive herausziehen. Man kann aus jeder Situation ein Weg für sich erblicken. Dies geht allerdings nur, wenn man insgesamt eine positive Einstellung hat, auch zu negativen Ereignissen.

Eine solche Betrachtungsweise erleichtert das Leben ungemein. Sie hilft uns, unsere Potenziale zu entfalten, unsere Lebensqualität zu verbessern und positive Emotionen zu fördern. Dies wiederum führt zu einem stressfreien, friedvollen Alltag in allen Lebensbereichen. Dann kommt es eben nicht mehr auf den Kontostand oder die berufliche Position an, ob man glücklich ist oder nicht.

Wie einfach und unkompliziert es ist, Glück zu fühlen und Freude am Leben zu haben, sehen wir an Kindern. Von Natur aus haben sie positive Neigungen und Gefühle. Diese positive Sichtweise sinkt jedoch mit steigendem Alter. Im Alltagsstress fehlt uns dann oft diese Sichtweise, die ein wichtiges Navigationssystem ist.

Dieses Navigationssystem für den Alltag wieder aufzubauen, ist das Ziel dieser Lektüre.

Dr. Cemil Şahinöz

Ist der Schmetterling tot oder lebendig?

In einer bekannten Geschichte (vgl. Izgören, 2004, S. 122ff) suchen zwei Schwestern, die sich für sehr klug halten, einen weisen Mann auf. Was immer sie den weisen Mann auch fragen, erhalten sie eine befriedigende Antwort. Das gefällt ihnen zwar, aber sie nehmen sich eines Tages vor, den Mann zu überlisten. Sie fangen einen Schmetterling und eine der Schwestern hält es geschlossen in der Faust. Auf diese Weise gehen sie zum weisen Mann und fragen ihn, ob der Schmetterling in der geschlossenen Faust noch lebt oder nicht. Falls der Mann sagt, der Schmetterling sei tot, will die Schwester ihre Faust öffnen und der lebendige Schmetterling soll zu Tage kommt. Falls der Mann aber sagen sollte, dass der Schmetterling noch lebt, möchte sie die Faust festzudrücken und so das tote Schmetterling zeigen. Der weise Mann schaut in die Augen der Schwester und antwortet...

Die Antwort des weisen Mannes gibt es später.

Positiv - Negativ

Was bedeutet eigentlich positiv und negativ? Wonach definieren oder entscheiden wir, dass Etwas positiv oder negativ ist?

In der Mathematik ist dies recht einfach. 2x2 ergibt in der Wissenschaft der Mathematik immer 4. Aber im realen Leben, im stressigen Alltag, ist 2x2 manchmal -5, manchmal 100, aber auch mal 4. Nicht alles ist planbar und messbar. Wer Kleinkinder hat, kennt das. Nicht alles läuft nach unserem beschränkten Plan.

Und wenn einmal etwas nicht nach unserem Plan läuft, bewerten wir dies öfters als schlecht oder negativ. Wenn wir z.B. im Stau stecken, krank werden oder ein Termin ausfällt, neigen wir dazu, dies als negativ einzuordnen. Wir denken dann an die vermeintlichen Dinge, die wir verpasst haben und welche positiven Sachen eingetroffen wären. Etwas was geschieht, wird also erst durch unsere

Haltung und unsere Einstellung zum Positiven oder Negativen.

Aber auch aus solchen negativ betrachteten Ereignissen kann man etwas Positives ziehen und vor allem positiv reagieren. Dabei wird das Negative weder negiert noch ausgeblendet, sondern der Fokus und die Aufmerksamkeit werden auf das Positive gelenkt.

Denn wenn man auf etwas Negatives negativ reagiert, z.B. mit Frust, Ärger, Wut oder Rache, führt dies wiederum erneut zu einer negativen Reaktion.

Dass allseits bekannte Beispiel mit dem halbvollen und halbleeren Glas Wasser ist ein gutes Beispiel hierfür. Entweder regt man sich auf, dass das Glas halbleer ist und genießt auch diese Hälfte nicht. Oder man ist dankbar für den halbvollen Teil und genießt und wertschätzt jedes Schluck Wasser in diesem Glas. So gewinnt das Leben an Qualität und das Herz findet seine innere Ruhe.

Solche Situationen hatte mit Sicherheit jeder von uns im Leben. Denken wir einmal zurück. An Situation, in denen eine negative Reaktion auf etwas Negatives die Situation komplett eskalieren ließ. Und an Situation, aus denen wir das Beste herausgezogen und vielleicht sogar mit Humor die schwierigsten Lebenslagen überstanden haben. So können wir mit Gewissheit viele Probleme im Leben mit Leichtigkeit meistern.

Wenn man sich nicht der Lösung von Problemen widmet, den Problemen sogar aus dem Weg geht, muss man irgendwann die Konsequenzen dafür tragen müssen.

Über Probleme zu reden ist richtig und wichtig. Aber nur, um das Problem zu verstehen und eine Lösung zu finden. Man sollte sich also nicht nur auf die negativen Folgen eines Problems konzentrieren und so problemfokussiert sein, sondern lösungsorientiert, in dem man z.B. nicht die ganze Zeit darüber redet, warum das Glas halbleer ist, sondern, nach dem man verstanden hat, warum es halbleer ist, das Glas wieder auffüllt und nach Lösungswesen sucht. Man sollte also nicht das Symptom, sondern die Krankheit behandeln.

Blickwinkel und Perspektivenwechsel

Aber ist unsere Einordnung in Positiv und Negativ immer korrekt? Haben wir alle oder genug Informationen, um etwas als so oder so zu bewerten?

Wenn wir im Stau stecken, kommen wir nicht voran. In diesem Moment nervt uns das. Wenn wir jedoch später erfahren, dass wir durch den Stau einem großen Unfall entkommen sind, sind wir heilfroh über den Stau.

Oder wenn wir uns etwas so sehr wünschen und dieser Traum nicht in Erfüllung geht (ein bestimmter Job, ein bestimmtes Auto, ein bestimmter Partner oder eine Partnerin), sind wir verärgert darüber. Wenn wir dann im Nachhinein zurückblicken, sagen wir öfters „Gut, dass das nicht geklappt hat."

Erst im Nachhinein verstehen wir also öfters den Sinn und Zweck der Dinge. Die Weisheit von dem, was verwirklicht wurde oder nicht verwirklicht wurde, wird erst später deutlich. Hinterher ist man eben immer schlauer.

Da wir jedoch keine Zeitmaschine haben und uns die vollständigen Informationen für eine umfassende Bewertung fehlen, entscheiden wir im Moment des Geschehens, ob etwas positiv oder negativ ist. Der Moment des Geschehens kann uns aber irreleiten.

Was man also sieht, hat immer damit zu tun, von wo aus man guckt und es betrachtet. Wie bei einer optischen Täuschung kommt es darauf an, wohin man guckt. Erst ein Perspektivenwechsel, eine Verschiebung des Zustandes und Betrachtungspunkts kann neue Blickwinkel ermöglichen.

Wenn wir dann einmal im Stau stecken oder etwas, was wir so sehr wollten, nicht erreicht haben, können wir versuchen die Situation, in der wir sind, aus einem anderen positiven Blickwinkel, mit etwas innerem Abstand, zu betrachten.

Denn alles, was geschieht, ist entweder von sich aus positiv oder das Ergebnis dessen stellt sich im Nachhinein als positiv heraus. Alles, was für uns negativ oder hässlich vorkommt, hat dennoch einen Aspekt der Schönheit.

Daher sollte man immer eine gesunde Distanz zum Geschehenen einhalten ohne voreilig Schlüsse zu ziehen. Die Geschehnisse um uns herum aus einer Makroebene zu betrachten, um das ganze Puzzle zu sehen und sich nicht auf einzelne Puzzleteile zu stürzen, ermöglicht uns genauere Bewertungen und richtigere Einschätzungen.

Wenn wir dem Gang der Dinge vertrauen und die Weisheit dahinter erkennen, wird das Leben erleichtert und nicht erschwert.

So gab es laut einer Erzählung einmal Zwillinge, die sich zwar äußerlich glichen, aber innerlich vollkommen verschieden waren. Wenn es der einen zu laut war, war es der anderen zu leise. War es der einen heiß, war es der anderen kalt. Der auffälligste Unterschied zwischen den beiden war es aber, dass die eine immer positiv und fröhlich war, während die andere schlecht gelaunt und negativ war. Als sie nun eines Tages Geburtstag hatten, wagte der Vater der Zwillinge ein Experiment. Er wartete am Vorabend des Geburtstages so lange, bis seine Töchter eingeschlafen waren, und machte sich dann heimlich ans Werk. Er füllte das Zimmer der schlecht gelaunten Schwester bis unter die Decke voll mit den schönsten Geschenken: Spielzeug, Sportgeräte, technische Geräte und vieles mehr. Der gut gelaunten aber legte er nur einen stinkenden Haufen Pferdeäpfel ins Zimmer – sonst nichts. Nun war er gespannt, was passieren würde. Am nächsten Morgen schaute der Vater zuerst ins Zimmer der schlecht gelaunten Schwester. Er fand sie laut klagend am Boden sitzen, inmitten der ganzen wundervollen Geschenke. „Warum weinst du denn?", fragte der Vater. Das Mädchen antwortet: „Erstens, weil ich die ganzen Gebrauchsanleitungen lesen muss, bevor ich mit den Geschenken etwas anfangen kann. Zweitens, weil ich für die meisten dieser Spielsachen ständig neue Batterien brauchen werde. Und drittens, weil im Laufe der Zeit bestimmt ein paar von den Spielsachen kaputtgehen werden!" Auf Grund ihrer Sichtweise konnte sie die

Geschenke nicht einmal genießen. Daraufhin ging der Vater in das Zimmer des positiven Zwillings. Diese hüpfte vor Freude um die Pferdeäpfel herum. „Warum bist du denn so fröhlich?", fragte der Vater. „Ganz einfach", antwortete dieser „weil irgendwo im Haus ein Pony sein muss!"

Glück und Unglück sind vergänglich

Wenn wir nur negative Gedanken hegen, führt dies zu negativen Gefühlen und dies macht es konsequenterweise schwierig, positiv zu handeln.

Wer positiv sieht, denkt positiv. Wer positiv denkt, hat Freude am Leben. Durch eine solche Betrachtungsweise führt jede Situation zu einem positiven Ergebnis, egal ob die Sache selbst positiv oder negativ ist. Franz Kafka sagte einmal: „Jeder, der sich die Fähigkeit erhält, Schönes zu erkennen, wird nie alt werden." Neuere Forschungen zeigen sogar, dass man auch im steigenden Alter noch viel lernen kann, wenn man eine gewisse Lebensfreude spürt.

Aus Widrigkeiten, einem negativen Erlebnis oder Unglück kann man viele Erfahrungen schöpfen. Man kann dadurch lernen, wie es man es beim nächsten Mal besser man kann. Schwierigkeiten sind also nicht unsere Gegner, sondern Möglichkeiten, neue Ressourcen in uns zu aktivieren und uns neu zu orientieren.

Ein Kind, welches durch die Eltern immer bevormundet wird und vor allen möglichen Stürzen geschützt wird, wird es nie schaffen, Selbstvertrauen zu entwickeln und selbstständig zu sein. Es wird immer abhängig von der Hilfe der Eltern sein. Da jedoch das Leben nicht auf diese Weise funktioniert und die Eltern nicht immer da sein können, wird das Kind Schwierigkeiten im Alltag, im Berufsleben, in der Ehe haben. Dass bedeutet, das Kind muss in der frühkindlichen Phase schon lernen, dass es auch Hindernisse im Leben gibt und dass man diese mit der richtigen Einstellung meistern kann.

Im Erwachsenenalter sieht es nicht anders aus. Schlechte Erlebnisse oder Ergebnisse sind ebenfalls neue Erkenntnisse. Ein Forscher macht manchmal hunderte von Proben, bis ein Ergebnis erzielt wird. Aber diese hunderte von Proben sind genauso wertvoll, wie die letzte Probe, bei der ein Ergebnis erzielt wurde. Denn man hat dadurch gelernt, auf welche Weise es nicht funktioniert. Dazu folgt später ein Beispiel mit Thomas Edison.

Man kann also aus jeder Situation, aus jeder Herausforderung eine neue Erkenntnis ziehen, Erfahrungen sammeln und neue Wege einleiten. So führt auch ein Unglück manchmal zu Glück. Aber eben nur manchmal, nicht immer. Auch das zu akzeptieren, gehört zur Erfahrung.

Dass Unglück, Kummer und Leid vergehen, weiß jeder von uns. Dass aber auch Glück vergänglich ist, hört man selten und auch nicht gerne.

Doch auch Glück ist vergänglich. Daher sollte man bei positiven Erlebnissen nicht hochmütig, überheblich, herablassend und prahlerisch werden, sondern diesem mit Dankbarkeit und Wertschätzung begegnen. Denn ansonsten wird die Enttäuschung groß sein, wenn dieses Positive nicht mehr vorhanden ist. Seien es materielle Dinge oder immaterielle Positionen und Status. Da alles vergänglich ist, sollte man sich nicht an sie klammern, als seien sie ewig beständig. Wenn wir uns abhängig davon machen, werden sie Teil unserer Identität. Und wenn sie dann nicht mehr da sind, kratzt dies an unserer Identität und wir werden unzufrieden mit unserem Leben. Man meint dann, nichts im Leben erreicht zu haben, weil man nur das sieht, was vergangen ist.

So wie Leid und Kummer sind also auch Glück und Reichtum vergänglich. Dementsprechend sollte man sie betrachten und auf dem Boden der Tatsachen bleiben, um einen inneren Frieden zu finden.

Dass man also mal Unglück hat, bedeutet nicht, dass man ein schlechter Mensch ist. Oder dass man besser und bedeutender als andere Menschen ist, wenn man Glück hatte. Man sollte sich nicht schuldig fühlen, wenn einem ein Unglück trifft oder man krank wird.

Man muss und kann auch mal unglücklich sein, trauern, eine Situation aushalten, scheitern oder Rückschläge erleiden. Tränen gehören zum Leben dazu. Sie entfernen den Rost aus unseren Herzen. Wir dürfen auch einmal Fehler machen und danach lockerbleiben können. Perfektionisten können nicht einmal die kleinsten Fehler ertragen und machen sich und ihrer Umgebung daher tagtäglich das Leben schwer. Denn das Streben nach absoluter Perfektion kann nur unglücklich machen, weil man sich damit ein Ziel setzt, dass man nicht erreichen kann. Dieses Ziel gibt es schlicht und einfach nicht. Es sollte daher nicht darum gehen, alles perfekt zu machen, sondern mit den zur Verfügung stehenden Ressourcen das Bestmögliche zu erreichen.

Voltaire sagte einmal, dass das Bessere, oder das Perfekte, der Feind des Guten ist. Wenn man krankhaft versucht, etwas perfekt zu machen, schafft man nicht einmal das Gute.

Man muss nicht immer alles blind durchziehen, nur weil man denkt, dass man schon zu viel investiert haben, um aufzugeben. Wenn ein Ziel aussichtslos ist, kann und darf man die Ziele auch verändern.

Die Erfahrung des Scheiterns ist daher wichtig, damit man lernt mit Rückschlägen umzugehen. Nach negativen Erfahrungen ändert man sein Blickwinkel. Man erlangt eine neue Perspektive. Wenn dann vergleichbare Problem in der Zukunft auftreten, können sie leichter gelöst werden (vgl. SW, 2022).

Daher sollte man Probleme nicht leugnen, verdrängen oder ignorieren. Sie sind eine Selbstverständlichkeit in unserer Lebensbiographie. Aber "die McKinsey Mentalität" kennt kein Scheitern und setzt auf ständige

Selbstoptimierung. Life-Coaches reden uns mit ihren Stories und Märchen ein, wir müssten immer im Glückszustand sein und wie die Schlümpfe durch die Welt rennen. Dies ist fern von der Realität.

Die Realität ist, dass man schwankt zwischen Glück und Unglück, zwischen Hoch und Tief, zwischen Aufstieg und Abstieg. All dies ist kein festverankerter Zustand, sondern variiert immer. Es wird im Leben immer Höhen und Tiefen geben. Erfolge und Niederlagen, Glück und Unglück wechseln sich ständig ab, aber Charakter und Persönlichkeit sind wichtig, um mit diesen Schwankungen umzugehen. Wer beim Hochpunkt arrogant, überheblich und selbstverliebt wird oder beim Tiefpunkt in Trauer und Depressionen versinkt, wird es schwer haben, ein Gleichgewicht zu finden.

Manches hängt es auch von äußeren Umständen ab, die man zu einem bestimmten Zeitpunkt selbst nicht verändern kann oder die nicht in unserem Einflussbereich liegen (vgl. Heidenreich, 2022, S. 27). Wir können nicht alles kontrollieren, was mit uns geschieht, aber wir können unsere Reaktionen kontrollieren. Daher muss man manchmal den Geschehnissen mit Gelassenheit reagieren und sich selbst nicht ständig überfordern. Wenn man nichts gegen die Umstände machen kann, dann muss man lernen, auch mal loszulassen, Ausgelassenheit zu zeigen und Unbekümmert zu sein. Damit verbessert man sein allgemeines Wohlbefinden und kann ein erfüllteres Leben führen.

Auf eine Krise vorbereitet zu sein, kann erleichtern, selbst wenn die Krise hinterher gar nicht so schlimm gewesen sein sollte. Unwetterwarnungen lassen uns diese Einstellung besser verstehen. Kommt eine Unwetterwarnung, bereitet man sich darauf vor. Und wenn das Unwetter dann doch viel milder ausgeht, als vorhergesagt, dann war die Vorbereitung darauf trotzdem keine Verschwendung. Wenn jedoch keine Warnung kommt und man ist unvorbereitet, kann sogar ein mildes Unwetter schlimme Konsequenzen haben.

Man muss auch einmal Angst zulassen. Der Körper braucht in gewissen Situationen das Ausleben der Angst. Es wirkt dann wie ein Ventil. Zu versuchen, Angst ständig zu kontrollieren, macht es in vielen Situationen nur schlimmer, wie z.B. bei einer Panikattacke.

Positive und negative Energie

Es gibt Frequenzen und Wellen, die wir als Menschen nicht hören können. Aber nur, weil wir sie nicht hören, heißt es nicht, dass es sie nicht gibt. Tiere nehmen ganz andere Frequenzen wahr und reagieren darauf.

Gleichermaßen hat jeder lebendige und sogar leblose Körper eine Aura um sich. Diese Aura ist entweder positiv oder negativ. Sie verändert sich je nach Zustand und ist nicht immer gleich.

Wir brauchen keine Messgeräte, um diese Aura zu erkennen. Wenn jemand schlecht gelaunt ist, merken wir dies sofort. Wenn in einem Raum gestritten wurde und man kommt später in diesen Raum, kann man schnell die negative Atmosphäre und Spannung spüren.

Je schärfer unsere Sinne sind und nicht durch Materialismus abgestumpft sind, desto besser kann man diese Aura wahrnehmen. Am besten Aufnahmefähig sind Kinder. Je jünger, desto mehr nehmen sie auf.

Ein Kind nimmt schon im Bauch der Mutter die positiven und negativen Gefühle um sich herum auf. Babys fühlen sofort, ob die Stimmung friedlich oder aggressiv ist. Dementsprechend wird ihr Charakter schon in jungen Jahren geformt. Daher beginnt die Kindererziehung nicht erst mit der Geburt des Kindes, sondern schon während das Kind im Bauch der Mutter ist.

Nicht nur Menschen, auch Tiere haben einen geschärften Sinn. Viele Tiere sind eins mit der Natur und spüren anstehende Naturkatastrophen viel früher als Menschen. Sie reagieren darauf unterschiedlich und manche versuchen sogar, uns Menschen darauf aufmerksam zu machen.

Pflanzen erblühen, wenn man ihnen positiv begegnet. Bei gleicher Erde, Sonne und Wasser stirbt eine Pflanze jedoch viel schneller, wenn man ihr negativ begegnet.

Auch leblose Körper, wie z.B. Moleküle oder Atome, zeigen bei positiver oder negativer Umgebung unterschiedliche Reaktionen. Am besten kann man dies bei Wassermolekülen, die sich ständig bewegen, beobachten. Forschungen haben ergeben, dass Wasser Informationen, Musik, Worte, Gefühle und Bewusstsein speichern kann. Je positiver diese Informationen, desto positiver das Wassergedächtnis und die Auswirkungen des Wassers. In der Forschung spricht man hier vom gesunden und kranken Wasser. Beeindruckend ist, dass sich all diese Vorgänge im leblosen Wasser abspielen.

Wenn also Tiere, Pflanzen, ja sogar leblose Körper auf ihre Umgebung reagieren und von ihr beeinflusst werden, betrifft dies Menschen noch viel mehr.

Daher ist es für die Selbsthygiene wichtig, stets eine positive Aura zu behalten. Und dies funktioniert, wie beschrieben, mit einer positiven Betrachtungsweise. Auch das bewusste Vermeiden von Personen und Orten, die negative Gefühle vermitteln, trägt dazu bei, dass man sich wohler und entspannter fühlt.

Vermeidung von negativen Personen und Orten

Nach einem Meeting oder Treffen kann es vorkommen, dass man sich müde, schlapp, negativ oder aggressiv fühlt. Wenn dem auch noch eine schlaflose Nacht folgt, weil man Tausende Gedanken, wie z.B. „Hätte ich doch dies gesagt oder getan" oder „Was-wäre-wenn"-Szenarien, im Kopf hat, ist dies ein Anzeichen dafür, dass die Personen, mit denen man zusammen war, einem nicht guttun. Sie strahlen anscheinend eine negative Energie aus, so dass man selber davon auch berührt und beeinflusst wird. Wenn man dann die negativen Einflüsse dieser Personen aufgenommen hat, wirken sie auf uns ebenfalls negativ ein. So entstehen z.B. sehr häufig Depressionen auf Grund von langanhaltenden negativen Interaktionen.

Manchmal liegt es auch an der Kommunikationsform unseres Gegenübers, dass man ein schlechtes Gefühl bekommt, z.B. wenn unser Gegenüber scheinbar harmlose kleine Sticheleien, Anspielungen oder Andeutungen, sogenannte kleine "Gifte", in einem Satz versteckt. Diese Gifte wirken negativ auf uns ein.

Der Unternehmer Jim Rohn sagte einmal, dass man wie der Durchschnitt der fünf Menschen ist, mit denen man die meiste Zeit verbringt. Ist man nur mit Nörglern zusammen, fängt man irgendwann auch an, Nörgeln als Dauersport zu betreiben. Hat man jedoch positive Menschen um sich, eignet man sich positive Eigenschaft an.

Aber nicht nur Personen, manchmal können auch Orte oder bestimmte Aktivitäten oder Gesprächsthemen dazu führen, dass man sich wie erschöpft fühlt.

All dies muss man sich nicht antun. Sehr wohl kann man Personen, Orte, Aktivitäten oder Themen, die einem Schaden und negativ beeinflussen, meiden. Wenn keine Verpflichtung da ist, kann man auf diese bewusst verzichten oder sie reduzieren.

Da wo eine Verpflichtung da ist, z.B. in der Schule oder in der Berufswelt, und man nicht auf diese Kommunikation verzichten kann, sollte man versuchen, eine andere Betrachtungsweise einzunehmen, z.B. sich nicht zu sehr intensiv damit zu beschäftigen oder sich jedes Wort zu Herzen zu nehmen. Man sollte hier also eine gesunde Balance finden. Gelingt dies nicht, entsteht oft das weitbekannte Problem des Burn-Outs.

Gleichwohl macht es Sinn, mit weniger Erwartungen an andere heranzutreten. Damit ist nicht gemeint, negative Erwartungen zu hegen, sondern schlicht und einfach weniger von anderen zu erwarten.

Auch führen ausbleibende Anerkennung und Wertschätzung häufig zu Depressionen. Wenn wir diese von anderen erwarten, uns ständig beweisen müssen, damit eine Anerkennung kommt, haben wir irgendwann viel zu viel Druck auf unseren Schultern. Dadurch meistern wir nicht einmal Dinge, die wir ohne Druck am besten können.

Zu oft werden wir selbst von den Erwartungen, die andere an uns haben, stark beeinflusst. Es kann sehr belastend sein, wenn man sich ständig die Frage stellt, was andere über einem denken. Noch belastender wird es, wenn man krankhaft und ständig versucht, diese Gedanken zu verändern. Man wird unzufriedener, wenn man das Ziel hat, dass Personen auf eine bestimmte Art und Weise über einem denken sollen. Hier ist es wichtig, sich vorzustellen, warum wir den Erwartungen anderer gerecht werden müssen. Nur weil eine bestimmte Person über einem etwas denkt, heißt es nicht, dass das auch die Wirklichkeit abbildet. Wir müssen also die Gedanken anderer über uns nicht verändern. Wir brauchen keine Energie darauf zu verschwenden.

Positive Personen und Orte

Während wir negative Personen und Orte vermeiden können, sollten wir im Gegensatz soziale Beziehungen, positive Kontakte, Personen und Orte, die uns guttun, die uns mit Freude und Energie füllen, die unseren Blickwinkel positiver machen, suchen. Dies hat einen erheblichen Einfluss auf unser persönliches Empfinden.

Wenn wir mit Menschen zusammen sind, die uns bereichern, motivieren, nicht ständig aber von Zeit zu Zeit auch einmal konstruktiv kritisieren, steigert es unsere Lebensqualität. Daher sollte man gute Beziehungen stets pflegen.

Positive Beziehungen und Orte spenden uns also Freude im Leben. Pflegen wir diese Beziehungen bewusst, tragen sie zu einem erfüllten und glücklicheren Leben bei.

Martin Seligman (2012) zählt fünf Komponenten auf, die zu einem erfüllten Leben führen. Beziehungen sind eins dieser Komponenten (PERMA): Positive Emotionen, Engagement, Relationships (Beziehungen), Meaning (Sinn) und Accomplishment (Zielerreichung).

Auch der Gedanke, dass Menschen um uns herum da sind, oder für uns auf die eine oder andere Art und Weise beten, und damit etwas Gutes für uns wollen, führt zu mehr Lebensfreude.

Viele Studien (Matthews, Clark, 1998; Ehm, Utsch, 2005, 2010; Hamdan, 2008; Klein, Berth, Balck, 2011; Koenig, King, Carson, 2012; Koenig, McCullough, Larson, Hoyt und Thoresen, 2000, 2001; Seel, 2011; Mattison, Jayaratne, Croxton, 2000; Martinez, 1994, S. 1) zeigen, dass Spiritualität, Gebete und Rituale in Konflikt- und Stresssituationen wirksame Bewältigungsstrategien sind und damit zu einer Verbesserung der psychischen und physischen Gesundheit führen. Gebete wirken sich daher positiv auf den Menschen aus.

Schon Carl G. Jung (1923) zeigte auf, dass nur die seiner älteren Patienten gesund wurden, die ihre spirituelle Identität wiederherstellten. Koenig (1996) untersuchte 87 ältere Depression-Erkrankte und kam zum Ergebnis, dass diejenigen, die spiritueller waren, schneller geheilt wurden. Byrd (1988) konnte bei 192 untersuchten Patienten feststellen, dass Gebete ihre Gesundheit verbesserten und den Medikamentenverbrauch verminderten.

Das Beten selbst ist es jedoch wahrscheinlich nicht, welches kausal die Heilung mit sich bringt, sondern eher die Motivation und der Glaube an eine Heilung und die daraus resultierenden Handlungen. Der Betende motiviert sich selbst mit dem Gebet, durch das er an Trost und Kraft gewinnt. Diese Motivation scheint dazu zu führen, dass die Krankheit, im Vergleich bei Menschen, die nicht beten, in den meisten Fällen besiegt wird.

Optimismus und Pessimismus

Eines Tages begaben sich zwei Männer auf eine Reise. Einer der beiden begab sich in Gegenden der Dunkelheit, des Egoismus und des Unglücks. Der andere Reisende hielt die Richtung der Glückseligkeit ein. Der Egoist fand entsprechend seiner pessimistischen Einstellung ein schlechtes Land. Wohin er auch kam, überall herrschte ein bedrückender Zustand. Das ganze Land war ein Trauerhaus. Um diesen fürchterlichen Verhältnissen zu entgehen, flüchtete er in den Rausch, die sein einziger Ausweg war. Das Leid war ihm eine unerträgliche Last. Der zweite Reisende kam an einen Ort, wie es passender für ihn nicht hätte sein können. Er fand überall Freundlichkeit und Ortschaften erfüllt von großer Freude. Jeder war ihm wie ein Freund und Verwandter. Die Luft war erfüllt mit einer leichten Musik. Im Gegensatz zum ersten wurde dieser Mann von großer Freude ergriffen. So fand er sich leicht zurecht und nahm eine schöne Tätigkeit auf, voller Dankbarkeit. Eines Tages begegneten sich beide Reisende, wobei der zweite den Zustand des ersten sofort begriff und sagte: „Deine inneren, schlechten Eigenschaften wurden zu deinem Äußeren, wie in einem Spiegel. Sei vernünftig! Reinige dein Herz, damit der böse Schleier vor deinem Blick zerreiße und du die Wirklichkeit erkennst. Dieses vollkommene und gediehene Land eines gerechten, barmherzigen und mächtigen Herrschers, entspricht nicht deiner pessimistischen Haltung."

Sowohl optimistische als auch pessimistische Einstellungen lassen die Erwartung wahr werden. So führen optimistische Erwartungen meist zu besseren Ergebnissen und pessimistische Erwartungen zum Scheitern. Sie sind daher wie selbsterfüllende Prophezeiungen (Sharot, 2014, S. 76).

Denn durch die eigene Einstellung, führt man eher die Handlungen aus, die zur erwarteten Haltung passen. Die optimistischen und pessimistischen Vorhersagen, die wir im Kopf haben, werden dadurch zur Realität. Die richtige innere Einstellung leitet uns also.

Grundsätzlich haben wir positive Vorstellungen über die Zukunft. Daher nehmen wir Positives deutlicher wahr als Negatives (vgl. Sharot, 2014, S. 214).

Wir haben Vertrauen in bestimmte automatisierte Situation, wie z.B., dass uns beim Autofahren die vielen Autofahrer nicht einfach so bewusst anfahren oder dass ein Fahrstuhl funktioniert. Hätten wir dieses Vertrauen nicht, könnten wir in vielen Situationen gar nicht agieren und würden vielleicht Zwangsstörungen entwickeln.

Eine optimistische Wahrnehmung und Einstellung führen dazu, dass man daran glaubt, ein Ziel erreichen zu können. Dadurch steigert man sein eigenes Selbstbewusstsein, aktiviert bestimmte innere Kräfte und wird offener. Es eröffnen sich neue Türe und erschließen sich neue Wege, wodurch man das angestrebte Ziel schneller erreichen kann. Und man wird überzeugter davon, dass einem schon die richtige Idee kommen wird.

Optimisten gehen nur gezielt Risiken ein. Weil sie von vornherein erwarten, ein Ziel erreichen zu können, haben sie auch viel weniger Gründe sich Sorgen zu machen. Dadurch können sie mit Stressfaktoren viel besser umgehen (Sharot, 2014, S. 76).

Eine pessimistische Weltsicht dagegen führt zu einem riskanten Verhalten, da man glaubt, ohnehin nichts verlieren zu können. Man macht dadurch noch mehr Fehler oder geht bestimmten Lösungen erst gar nicht nach, weil man nicht an deren Wirkung glaubt. Z.B. wird Depression öfters beschrieben als die Unfähigkeit eine Zukunft zu konstruieren (Sharot, 2014, S. 76, 119). Der Depressive glaubt, dass alles verloren ist, und unternimmt daher entweder gar nichts oder sinnloses und unkontrolliertes Verhalten. Der Selbstzweifler oder Pessimist verschließt sich also durch seine eigene Einstellung und seine Handlung selbst die Türen. Da man auf Misserfolg eingestellt ist, kommt konsequenterweise das Scheitern.

Da Pessimisten nur auf das Negative fokussiert sind, sehen sie auch nur das Negative in der Welt. Wenn man sich mit einem Thema intensiv beschäftigt, wird die Wahrnehmung gefiltert, so dass man dieses Thema viel stärker wahrnimmt. Wenn man z.B. unbedingt ein rotes Auto kaufen will, fallen einem plötzlich die "vielen" roten Autos auf der Straße auf. Die roten Autos sind aber nicht tatsächlich mehr geworden, sondern die Beschäftigung und Fokussierung mit dem Thema hat dazu geführt, dass die Wahrnehmung hierfür gestärkt wurde. Genauso beschäftigen sich Pessimisten nur damit, wie schlecht doch die Welt geworden ist und dass alles untergeht. Daher nehmen sie auch nur diese Meldungen um sich herum wahr.

Unsere Erwartungen beeinflussen also unsere Wahrnehmung und Interpretation der Welt und dadurch auch unsere Handlungen. Im Umkehrschluss heißt das, dass wenn wir unsere Handlungen verändern, wir auch die Realität beeinflussen können. Unser Verhalten und unser Denken passen sich also an.

Optimismus und Hoffnung lassen Ziele erreichen. Hierbei ist es aber wichtig, einen realistischen Optimismus zu entwickeln, frei von Illusionen oder Verdrängungen von Risiken. Unrealistische Ziele werden nicht wahr, egal wie stark man daran glaubt (vgl. Oettingen, 2015) oder wie laut man „Tschakka" ruft. Je unrealistischer, desto unwahrscheinlicher die Erreichung des Ziels.

Vorfreude und "Vor-Angst"

Vorfreude auf etwas Besonderes, auf ein besonderes Ereignis, auf das wir schon seit längerer Zeit warten, auf ein Geschenk, macht uns manchmal glücklicher, als die Sache selbst. Denn bei der Vorfreude wird so viel Dopamin im Gehirn produziert, dass wir die Freude spüren, noch bevor die Sache selbst eingetroffen ist. Damit erhalten wir gewissermaßen ein Vorschuss an Freude, bevor etwas eintrifft.

Diese Vorfreude macht uns glücklicher. Je optimistischer wir in die Zukunft blicken, desto glücklicher werden wir. Schon der Gedanke in eine bessere Zukunft bereitet uns Freude. Diese Freude wiederum führt dazu, dass wir uns genau auf dieses Ziel konzentrieren. Positive Vorstellungen lassen uns also das erwünschte Ergebnis schneller erreichen (Sharot, 2014, S.148ff). Denn wir unternehmen dann die nötigen Schritte und lassen körperlich, seelisch, räumlich und zeitlich das Notwendigste einleiten.

Verkaufsstrategen kennen diese Wirkung und nutzen das Gefühl der Vorfreude aus. So leiten sie uns zum Dopamin-Vorschuss, damit wir uns für oder gegen ein Produkt entscheiden.

Dass genaue Gegenteil von Vorfreude bewirkt "Vor-Angst". Dieses Gefühl kann uns krank machen, noch bevor wir eigentlich krank werden. Dass Konzentrieren auf zukünftige Ereignisse, die eventuell mit einer kleinen Wahrscheinlichkeit eintreffen könnten, kann uns verrückt machen. Dadurch entwickelt man Szenarien im Kopf, die höchst negativ sind. Man zerbricht sich z.B. jahrelang den Kopf darüber, was passieren würde, wenn man Krebs oder eine Panikattacke haben würde. Diese Katastrophenszenarien im Kopfkino treffen häufig in der Realität nicht ein.

Sich aber von vornherein verrückt zu machen, behebt das Problem nicht, wenn es eintrifft. Sie wird nicht milder, nur weil man schon seit Jahren vermutet hat, dass man Krebs haben könnte. Die bloße Vermutung führt auch nicht dazu, dass wir dann tatsächlich auch eine bestimmte Krankheit oder einen bestimmten Unfall erleiden. Wir machen uns dann das Leben unnötig schwer für etwas, was nicht eingetroffen ist oder wohlmöglich nicht eintreffen wird. Das Warten macht es unerträglicher als die Sache selbst, wenn sie tatsächlich eintreffen würde.

Angst reproduziert sich selbst also immer wieder. Je mehr wir Angst haben, desto mehr produzieren wir neue Angst. Diese Selbstproduktion (Autopoiese) nimmt uns gefangen im System "Angst".

Unnötige Ängste von Eltern verringern auch das Selbstbewusstsein von Kindern. Eltern setzen dadurch ihren Kindern zu starke Grenzen, so dass das Kind anfängt, an sich selbst zu zweifeln. Ähnlich wie Flöhe, die die Fähigkeit, sehr hoch zu springen, verlernen, wenn sie eingesperrt werden und nicht höher springen können. Sie können dann auch in der Freiheit nicht mehr so hochspringen.

Manche Angstgefühle im Menschen sind unterschwellig und sitzen tief. Diese belasten das Leben schwer (Hill, 2020, S. 245). Diese Angstgefühle können sich dann auf vielfältige Weise manifestieren. So können sich unterschwellige Angstgefühle z.B. auch in unserem Verhalten zeigen. Daher ist es wichtig, sich dieser Angstgefühle bewusst zu werden. Wenn wir sie ignorieren, werden sie nur noch stärker.

Wie die Vorfreude hat auch Vor-Angst Einfluss darauf, wie wir die Gegenwart genießen. Vor-Angst führt dazu, dass wir ständig angespannt nach Fehlern oder nach Legitimationen für unsere Angst suchen. Dadurch verfallen wir in einen Teufelskreis. Wie bei selbsterfüllenden Prophezeiungen fokussieren wir uns nur noch auf das Negative und ziehen es regelrecht an. Unsere Handlungen gehen in diese Richtung. Ein erhofftes Ziel verlagert sich dadurch in unerreichbare Ferne. Eine solche zu starke Fokussierung auf eine bestimmte Sache kann dazu führen, dass wir wichtige Elemente nicht mehr wahrnehmen und ausblenden, so wie ein Magier uns mit der Fokussierung auf eine Sache ablenkt und wir dadurch den Trick nicht erkennen.

Unterbewusstsein pflegen

Alles, was wir hören, sehen, schmecken oder fühlen sammelt sich in unserem Unterbewusstsein. Unser Unterbewusstsein erfasst alle Sinneswahrnehmungen. Dabei ist es egal, ob dies bewusst, z.B. durch schauen eines Kinofilms, oder unbewusst, z.B. beim Spaziergang durch eine Einkaufsstraße, geschieht. Bewusst nehmen wir nur einen geringen Anteil der Informationen auf, das meiste wird Unbewusst aufgenommen.

Wie schon beschrieben, nehmen wir unser Umfeld schon im Bauch der Mutter wahr. Alles, was um uns herum passiert und geschieht, saugen wir ins uns ein.

Im Laufe der Zeit entsteht dadurch in unserem Unterbewusstsein ein "Müllhaufen". Unsere Gedanken, ja sogar unser Bauchgefühl, werden durch diesen Müllhaufen beeinflusst, je nachdem, womit wir es gefüllt haben. Unser Unterbewusstsein arbeitet also mit dem Material, dass wir dort bunkern. Aus unserem Unterbewusstsein werden die Informationen abgerufen.

Daher sind nicht alle Gedanken, die uns in den Sinn kommen, tatsächlich auch unsere eigenen Gedanken. Vor allem wenn man wütend ist oder Wutanfälle hat, packt man gern in diesen Müllhaufen und sagt Dinge, die man eigentlich gar nicht so meint.

Auf Grund dieser Funktionsweise der Gedanken und des Gehirns ist es wichtig, zu schauen, mit was man sein Unterbewusstsein füttert. Je mehr Krieg, Gewalt, Negatives wir aufnehmen, desto mehr ändert sich unser Gemütszustand auf Grund des negativen Müllhaufens schleichend zu einem schlechteren. Dabei fragen wir uns dann plötzlich, warum alles kein Spaß mehr macht, wir unruhiger geworden sind oder man die Lebenslust verloren hat. Häufig hat man sich jahrelang mit negativem gefüttert, so dass diese Gefühle das Resultat davon sind.

Es ist wichtig, alles, was sich all die Jahre angesammelt hat, aber nicht mehr zu uns gehört, aus diesem Müllhaufen auszusortieren. Auf diese Weise kann es gelingen, innere Blockaden aufzulösen.

Daher führen nicht nur eine gesunde und bewusste Ernährung und täglicher Sport und Fitness zum Wohlbefinden, sondern auch ein bewusster Umgang mit dem, was man immateriell konsumiert.

Durch eine gesunde und positive Fütterung unseres Unterbewusstseins, führen wir dazu, dass unser Gehirn bestimmte Ereignisse besser und realistischer wahrnehmen und einschätzen kann. Ohne dass es uns tatsächlich bewusst wird, können wir dadurch Sachlagen viel genauer einordnen.

Wir brauchen also auch im Kopf eine Ordnung, um klarer denken zu können. Neugier ist das Tor zur Wissenschaft, jedoch muss auch diese reguliert werden. Wir können nicht nach jeder unnützen Information herrennen. Daher ist es wichtig zu schauen, für welche Informationen die Neugier eingesetzt wird.

Wie am Computer brauchen wir auch für unser Unterbewusstsein einen Spamfilter (vgl. Achor, 2010, S. 91). Wenn wir Spam nicht ignorieren, werden sie mehr und wir werden anfälliger, wie beim Öffnen oder Klicken eines Links in einer Spam-Mail. So können wir selbst Filterregeln bestimmen und nur bestimmte Infos ins Unterbewusstsein durchlassen und andere ignorieren. Wichtige Informationen können wir abspeichern und unnötige und zeitverschwenderische Informationen, die sonst wie ein Unkraut in unserem Unterbewusstsein wachsen können, ausblenden und nicht beachten.

Die Filterregeln haben damit zu tun, was wir konsumieren. So wie wir darauf achten, keine giftigen Substanzen in unser Körper eintreten zu lassen, sollten wir darauf achten, keine Infos, die unser Unterbewusstsein vergiften, in unseren Kopf eintreten zu lassen. Während die Folgen einer körperlichen Vergiftung meist nach mehreren Wochen vergangen sind, bleiben die Folgen einer "Vergiftung" des Unterbewusstseins noch Jahre an oder führen sogar zu unnötigen Ängsten.

Da unser Unterbewusstsein so stark beeinflussend reagiert, ist es möglich diesen, z.B. bei gewollten Veränderungen, auch selbst zu beeinflussen. Man nennt diesen Prozess Antosuggestion. Dabei können wir unserem Unterbewusstsein ein konkretes Anliegen immer wieder als Anweisung, am effektivsten verknüpft mit Emotionen, vermitteln. Hierbei sind jedoch die Bestimmtheit und Konkretisierung eines Ziels ausschlaggebend. Je konkreter ein Ziel, desto leichter kann man sich darauf einstellen. Körper, Geist, Bewusstsein, Träume richten sich dann diesem Ziel. Dieses Ziel oder eine Idee muss jedoch gehegt, gepflegt und am Leben erhalten werden, bis sie Realität wird (Hill, 2020, S. 77ff, 112). Die eigene Vorstellungskraft kann also beim Erreichen eines Zieles höchst produktiv sein.

Achtsamkeit

Wir leben in einem Zeitalter, in dem alles schnell und kurz funktioniert. Zeitdruck, Hektik und Eile sind an der Tagesordnung. Niemand hat mehr Zeit für längere Texte oder generell aufs Warten. Geduld wird zur Mangelware. Innere Unruhe und die Angst, etwas zu verpassen, nehmen dagegen zu. Man hat das Gefühl, ständig gehetzt zu werden. Da man immer schneller immer mehr erreichen will, fokussiert man sich auf die Zukunft und verpasst das Jetzt.

In einer Welt des Überflusses und der Highspeed-Informationen werden wir überflutet mit Informationen. Wir „informieren uns zu Tode" (Hüther, Burdy, 2022) und wissen am Ende nicht mehr als vorher und haben damit unsere Zeit verschwendet. Wir sind dadurch gestresst, überarbeitet, überfordert, abgelenkt, haben ständig Zeitmangel und werden Unfähig, die vielen Eindrücke zu verarbeiten (Van der Meulen, 2020). Auch die vielen Entscheidungsoptionen, selbst im Supermarkt, wenn wir Marmelade kaufen möchten und 20 verschiedene Sorten und Marken sehen, führt zur Überforderung (Overchoise Effekt).

Zudem macht uns die falsche Nutzung der sozialen Medien nicht sozial, sondern in vielen Fällen asozial. Durch Selbstinszenierung treiben wir zwischenmenschlichen Neid zu einem Höhepunkt. Aufmerksamkeit zu generieren wird zur Droge der Gegenwart.

Durch diese Schnelligkeit und Überflutung lässt auch die Auffassungsgabe und die Konzentration nach. Viele Menschen, die in diesem Zeitalter aufwachsen, sind nicht mehr in der Lage, sich länger auf etwas zu kontrollieren. Die 45-Minuten Unterrichtsdauer in der Schule wird dadurch zur Qual für viele, für den Schüler aber auch für den Lehrer.

Zur Konzentrationsschwäche führen auch die vielen Ablenkungen im Alltag. Alle wollen unsere permanente Aufmerksamkeit und wir versuchen, alles gleichzeitig zu erledigen. So beschäftigen wir uns mit Themen, die schnelle Ergebnisse oder Dopaminbelohnungen liefern, aber uns keinen Schritt voranbringen (vgl. Kara, Schnabel, 2022).

Auch herrscht durch diesen zu schnellen Wandel keine Beständigkeit mehr. Menschen sind gezwungen, mehrere Jobs und Nebentätigkeiten zu haben, da man keine Sicherheit mehr hat, in einem Unternehmen bis zum Rentenalter zu verbleiben. Daher kann man nicht mehr alles auf eine Karte setzen.

Da alles so schnell abläuft, werden uns viele Sachen gar nicht wirklich bewusst. Wir nehmen unsere Kommunikation, z.B. in der Kindererziehung, nicht mehr qualitativ, sondern quantitativ wahr. Wir nehmen nicht einmal den Geschmack der vielen Gaben wahr, die wir tagtäglich als Nahrung zu uns nehmen. Viele Dinge, die wir besitzen, wertschätzen wir nicht. Sie werden zu einer Selbstverständlichkeit. Dabei ist schon ein Apfel vom unschätzbaren Wert. Wenn wir einen Apfel kaufen, zahlen wir nicht den wahren Preis für den Apfel. Wir zahlen nur die Kosten für Anpflanzung, Transport, Marketing, Mitarbeiter, Miete usw., aber nicht den wirklichen Preis für den Wunder "Apfel". So ist es auch mit Produkten wie Milch oder Honig, die der Mensch selbstständig nicht produzieren kann.

Es fehlt uns also eine gewisse Bewusstseinsbildung und Achtsamkeit, um Dinge abzuwägen und nicht zu überstürzen.

Achtsamkeit bedeutet in diesem Falle, alles Geschehene bewusst wahrzunehmen oder eine Aufmerksamkeit hierfür zu entwickeln. Es bedeutet auch, statt immer schnell zu sein, auch mal eine Pause zu machen und sich zu erholen. So können wir alles viel besser wahrnehmen und besser sortieren und filtern.

Daher ist Achtsamkeit auch eine gute Möglichkeit der Selbstfürsorge, z.B. ist sie eine gute Burnout-Prophylaxe, da man dadurch viel genauer auf die eigenen Handlungen und Gefühle achtet und eben nicht in ein tiefes Loch, welches zum Burnout führen kann, verfällt.

Die amerikanische Schriftstellerin Pearl Sydenstricker Buck schrieb einmal: „Viele Menschen versäumen das kleine Glück, während sie auf das große vergebens warten." Erst durch Achtsamkeit lernt der Mensch, sich auch einmal über die kleinen Dinge im Leben zu freuen, anstatt auf die "großen" Dinge zu warten. Die kleinen Dinge ergeben nämlich summiert auch große Dinge. Man lernt damit also auch eine Art der Enthaltsamkeit und Genügsamkeit und verzichtet auch einmal auf Dinge, die vielleicht doch nicht so wichtig sind, wie man dachte.

Achtsamkeit bedeutet aber auch, all die vielen Gaben und positiven Seiten des Lebens zu erkennen, sie wertzuschätzen und dankbar hierfür zu sein.

Dankbarkeit

Leider vergessen wir zu oft, dass wir täglich sehr viele Gründe haben, dankbar zu sein. Wir vergessen es, da uns alles (Familie, Freunde, Gesundheit, Wetter, Arbeit, Schule, Studium, Freude) so selbstverständlich vorkommt. Dabei ist z.B. die Gesundheit eins der wichtigsten Segnungen, die wir haben. Ohne Gesundheit würden wir alles andere nicht richtig genießen. Manch einer würde sein gesamtes Vermögen geben, um gesund zu werden.

Zu schätzen, was man hat, ist ein wichtiges Zeichen der Dankbarkeit. Wenn wir uns bewusst machen, was wir haben, können wir die positiven Aspekte unseres Lebens besser wahrnehmen und wertschätzen. Das kann uns helfen, glücklicher und zufriedener zu sein.

Dadurch werden wir auch dankbarer für die Menschen, die uns wichtig sind. Wir werden uns mehr Mühe geben, unsere Beziehungen zu pflegen und ihnen zu zeigen, wie viel sie uns bedeuten.

Dankbarkeit ist daher ein wichtiges und wesentliches Element, welches dazu führt, dass wir das Leben kostbarer genießen und mit uns selbst zufriedener werden.

Undankbarkeit dagegen führt zu Unzufriedenheit. Man wird dadurch niemals zufrieden mit dem, was man hat, da man immer mehr will. Das Gefühl des Sattwerdens und des Erreichens eines Ziels verschwindet und es entsteht eine permanente Unzufriedenheit mit sich selbst.

Entweder trachtet man ständig nach noch mehr Gütern dieser Welt, oder wertschätzt und würdigt das, was man hat und versucht dem selbst würdig zu werden.

Wie schon erwähnt, gibt es ständig Schwankungen, Höhen und Tiefen im Leben. So vergeht auch mal die Zeit der Dankbarkeit und an ihre Stelle rückt die Zeit der Geduld. In diesen Momenten ist es dann wichtig, Geduld zu zeigen. Denn Geduld ist der Schlüssel für jeden Erfolg. Auf Grund der vorangegangenen Zeit der Dankbarkeit, kann man auch die Zeit der Geduld aushalten. So blickt man auf die Zeit der Dankbarkeit zurück und kann sogar in der Zeit der Geduld dankbar auf die vorangegangene Zeit sein und so die Zeit der Geduld viel leichter überwinden. Denn hierauf folgt mit Sicherheit wieder die Zeit der Dankbarkeit.

Laut Franz Kafka leiten sich alle Fehler des Menschen aus der Ungeduld und der Lässigkeit ab. Ungeduld lässt den Menschen Fehler machen und auf Grund von Lässigkeit werden diese Fehler nicht korrigiert.

Eine vergessene Tugend: Demut

Demut ist eine Tugend, die in vielen Kulturen und Gesellschaften geschätzt wird. Sie wird oft mit Eigenschaften wie Bescheidenheit, Respekt und Offenheit für Neues in Verbindung gebracht. Im Grunde ist Demut die Fähigkeit, sich selbst so anzunehmen, wie man ist, ohne dabei zu denken, man sei das Zentrum der gesamten Welt. So kann Demut eine positive Wirkung auf unser Leben haben, sowohl auf persönlicher als auch auf gesellschaftlicher Ebene.

Leider wird diese Tugend in der modernen Gesellschaft oft als Schwäche oder Unterwerfung verstanden. Wir leben in einer Welt, die von Ego, Narzissmus, Konkurrenz und Erfolg geprägt ist. Ständig geht es darum, sich selbst zu beweisen und sich von anderen abzuheben. Demut ist dann ein Hindernis auf dem Weg zum vermeintlichen Erfolg. Dabei ist es gerade die Demut, die einen langfristigen Erfolg, innere Ruhe und Zufriedenheit bringt.

Demütig zu sein hilft uns nämlich ein glücklicheres und erfüllteres Leben zu führen, weil man dann oft zufriedener mit sich selbst und seinem Leben ist. Man wird weniger anfällig für Neid und Eifersucht und hat ein stärkeres Gefühl der Verbundenheit mit anderen. Mit Herausforderungen und Rückschlägen kann dann besser umgegangen werden. Auch ist man dann offener für Hilfe und Unterstützung und aus Fehlern zu lernen.

Auf der gesellschaftlichen Ebene ist Demut ein Vorteil, da man eher bereit ist, anderen zu helfen und sich für das Gemeinwohl einzusetzen. Konflikte und Gewalt werden dadurch minimiert und es entsteht mehr Toleranz und Verständnis. Andere Meinungen werden eher akzeptiert und man ist bereit, mit Menschen aus verschiedenen Kulturen zusammenzuleben.

Demut ist aber keine falsche Bescheidenheit. Sie kann aufrichtig erlernt werden, in dem man auf Gedanken und Gefühle achtet. Wenn man sich überheblich oder arrogant fühlt, kann man sich einen Moment Zeit nehmen, um darüber nachzudenken, warum man sich gerade so fühlt. Man kann dann dankbar sein, für das, was man hat. Die Konzentration auf das, was man hat, führt dazu, dass man weniger eifersüchtig und neidisch auf andere wird. Auf diese Weise betrachtet man andere Menschen mit Respekt. Demut wird dann nicht zur Schwäche, sondern Stärke.

Systemisch denken

In unserer heutigen Welt sind wir ständig mit komplexen Problemen konfrontiert. Ob in der Wirtschaft, in der Politik oder im persönlichen Leben. Es scheint, dass es immer schwieriger wird, einfache Lösungen für komplexe Herausforderungen zu finden.

Systemisches Denken bietet daher einen Ansatz, um diese Herausforderungen besser zu verstehen und zu lösen. Im Mittelpunkt des systemischen Denkens steht die Erkenntnis, dass Probleme und ihre Lösungen nicht isoliert betrachtet werden können, sondern immer im Kontext eines größeren Systems stehen.

Im systemischen Denken geht es also darum, das ganze System zu verstehen, bevor man sich auf einzelne Aspekte konzentriert. Das bedeutet, dass man sich nicht nur mit den Symptomen eines Problems beschäftigt, sondern auch mit den Ursachen und den Wechselwirkungen zwischen den verschiedenen Teilen des Systems. Im Fokus steht also das ganze System.

Dabei berücksichtigt das systemische Denken den unmittelbaren Lebenskontext eines Problems (vgl. Neuberger, Lenz, Seidler, 2020). Das heißt, dass man sich nicht nur auf das Problem selbst konzentriert, sondern auch auf die Menschen, die involviert sind, und auf die Umstände, unter denen das Problem auftritt. Denn Menschen sind Teil von Systemen. Diese Systeme umfassen die gesamte Gesellschaft mit ihren Institutionen, Werten und Normen. Dazu gehören z.B. Familiensysteme, Arbeitssysteme, soziale Systeme und kulturelle Systeme. In diesen Systemen sind Menschen miteinander verbunden und beeinflussen sich gegenseitig. Sie entwickeln sich in Beziehungen zu diesen Systemen. Menschen sind keine isolierten Individuen, sondern Teil von vernetzten zwischenmenschlichen Zusammenhängen.

Im systemischen Denken wird betont, dass Menschen in einem ständigen Austausch mit ihrer Umwelt stehen. Das eigene Handeln hat Auswirkungen auf andere und die Handlungen anderer haben Auswirkungen auf man selbst. Es gibt also eine ständige Wechselwirkung.

Kein Teil eines Systems funktioniert für sich allein. Jede Funktion ist eine Antwort auf etwas Vorhergegangenes und bewirkt wiederum eine nachfolgende Funktion eines anderen Teils des Systems.

Daher ist nicht das Individuum selbst das Problem, sondern die Wechselwirkung zwischen dem Individuum und seiner Umwelt. Das heißt, dass das Problem nicht durch eine Veränderung des Individuums, sondern durch eine Veränderung des Systems gelöst werden kann.

Die Lösung eines Problems erfordert dann oft eine neue Wahrnehmung. Das bedeutet, dass man sich von alten Denkmustern lösen und neue Perspektiven einnehmen muss. Beim genauen Hinsehen wird dann deutlich, dass ein Problem nur in bestimmten Kontexten auftritt.

Um einen Sachverhalt zu verstehen, ist es daher auch wichtig, seine Geschichte zu kennen. Daraus entsteht z.B. ein System. Dies kann dann Aufschluss geben über Strukturen, Regeln und Dynamiken, die zum Problem aber auch zur Lösung führen.

Systemisches Denken ist daher ein hilfreicher Ansatz, um komplexe Probleme zu verstehen und zu lösen. Es hilft uns, den Blick auf das große Ganze zu richten und die Wechselwirkungen zwischen den verschiedenen Teilen eines Systems zu verstehen.

Stress existiert nur im Kopf

Es ist nicht nur eine Floskel, dass Stress nur im Kopf existiert. Es ist tatsächlich so, dass, wenn man eine erhöhte Belastung spürt, sei es körperlich oder seelisch, im Kopf ein Stressfaktor entsteht. Dieser Stress existiert jedoch nicht real, sondern entsteht nur auf Grund der Belastung, die wir spüren.

Diese Belastung jedoch fügen wir uns selbst zu, in dem wir Szenarien im Kopf haben, die zu diesem Gefühl führen, z.B. wenn wir Zeit- oder Leistungsdruck haben. Schnell entsteht dann das Gefühl, dass man das erhoffte Ziel nicht erreichen kann oder man nicht fähig dazu wäre. Man fühlt sich dann fälschlicherweise aussichtslos und sucht nicht nach Lösungsstrategien.

Aber nicht nur bei Überforderung, auch bei Unterforderung kann Stress entstehen, weil man in einer bestimmten Tätigkeit kein Sinn findet und sich dann wieder selbst Druck macht. Diese Zustände erzeugen Druck im Kopf und je mehr Druck und Belastung, desto mehr spüren wir Stress.

Vieles, was uns Stress bereitet, kann jedoch viel lockerer betrachtet werden. Daher sollte man sich hinterfragen, ob etwas tatsächlich genauso passieren muss, wie wir es gerne hätten, ob es andere Lösungen gibt oder ob es so vehement wichtig ist, dass wir uns den Kopf zerbrechen. Ein solches Hinterfragen der Themen, die uns Stress bereiten, kann zur Entspannung führen und gleichzeitig auch dazu, dass man diese Ziele dann doch ohne Stress sogar viel besser erreicht.

Viele Menschen erleben im Leben seelische Erschütterungen, Seelen- oder Lebenskrisen. Wenn die Belastungen besonders heftig sind oder über längere Zeit anhalten, können sie zur Entstehung psychischer Erkrankungen beitragen. Einige brechen an diesen Erkrankungen zusammen, andere finden wieder ihr Gleichgewicht zurück. Bereits mehrere Jahre bevor die Erkrankung tatsächlich ausbricht, entstehen Vorläufersymptome. Daher ist es wichtig im Alltag Vorsorge für die Seele zu betreiben. Genug Schlaf, Sport, Bewegung, Kontakt mit der Natur, positive Freunde und Entspannungstechniken mildern die Symptome, die zu seelischen Belastungen führen können (Eberle, 2019, S. 5ff).

Aber auch der Aufbau von Abwehrkräften und Widerstandsfähigkeit sind wichtig. Jeder Mensch hat die Fähigkeit, Stress und Belastungen zu bewältigen. Unsere Widerstandskraft, auch Resilienz genannt, vermindert

Stress. Diese Fähigkeit bemerkt man jedoch meistens später, wenn man z.B. ein Problem, von dem man dachte, es nie überstehen zu können, gemeistert hat. Seelische Widerstandskraft ist aber keine statische Größe. Sie verändert sich im Laufe des Lebens. Am besten zeigt sie sich, wenn man schon ein paar schwierige Lebensphasen bewältigt hat. So eine Widerstandskraft kann aber auch verlernt werden, wenn man lange Zeit nicht die Möglichkeit hatte, sie einzusetzen. Man gewöhnt sich dann an einen Luxuszustand. Bei dem kleinsten Problem, das dann aber kommt, geht man unter, weil man sie nicht bewältigen kann. Auch aus dieser Sicht, sollten wir hin und wieder dankbar für unsere Probleme sein. Zudem ist kein Mensch in allen Lebenslagen gleich widerstandsfähig. Das seelische Aushaltevermögen sollte jedoch keine Ressource werden, dass man aufstocken und dann ausnutzen kann, um noch mehr Druck, z.B. in der Arbeitswelt, ertragen zu können (Eberle, 2019, S. 5ff; vgl. SW, 2022).

Ein stressfreies Leben führt dazu, dass man viel gelassener und entspannter ist und dadurch wiederum viel gesunder. Denn Stress führt langfristig dazu, dass die körperliche und seelische Gesundheit stark daran leiden. Stress hat erhebliche negative Auswirkungen auf unseren Körper und unsere Psyche. Dauerhafter Stress kann zu körperlicher und seelischer Erschöpfung führen.

Zur Stressbewältigung gehört es auch, Stressauslöser oder Stressoren, also Faktoren, die zum Stress beitragen, zu reduzieren. Dies kann gelingen, wenn man bestimmte Aufgaben an andere delegiert und dadurch die Last, die man spürt, kleiner wird.

Dadurch vermeidet man auch Überlastungen. Denn man muss nicht alles schaffen, vielmehr sollte man Prioritäten setzen und auswählen, was man tatsächlich machen möchte. Viele Zeitmanager geben uns immer wieder Tipps, wie wir noch mehr in kürzester Zeit erledigen können oder sollen. Dabei verfallen wir in einen Teufelskreis des Optimierungswahns. Wenn man aber versucht, mehr zu schaffen, kommt noch mehr (vgl. Kara, Schnabel, 2022). Immer weiter Optimieren und Maximieren kann also nur erschöpfen und unglücklicher machen, da es das Ziel "Alles Geschafft" nicht gibt. So überlastet man sich immer weiter.

Als junger Mensch will man nicht sterben, weil man noch so viel vorhat. Man hat etliche Ziele, die man erreichen will. Aber auch ältere Menschen geben das gleiche von sich. Auch sie sind noch nicht "fertig" mit dem, was sie noch alles machen wollten. Die Zeit wird also nie reichen für alles, was man vorhat (vgl. Kara, Schnabel, 2022). Die Bedürfnisse des Menschen sind in dieser Hinsicht endlos, seine Zeit jedoch knapp und endlich.

Daher ist es wichtig, auch die eigenen Grenzen zu kennen und zu akzeptieren. Vielen fällt es schwer, auch mal „nein" zusagen. In manchen Fällen ist dies jedoch unausweichlich, um die eigene Belastbarkeit nicht zu strapazieren.

Denn auch der Körper besitzt ein Gedächtnis. Je entspannter der Körper ist, desto mehr Kreativität entsteht dadurch.

Energie und Geduld richtig einsetzen

Niemand trägt eine Last, die man nicht tragen kann. All unsere Probleme, oder das, was wir als Probleme bezeichnen, sind lösbar. Je nach unserer Kapazität und unseren Fähigkeiten haben wir Probleme und Sorgen, die wir mit eben diesen Fähigkeiten auch wieder lösen können.

Woran liegt es aber dann, dass uns diese Last trotzdem manchmal zerdrückt und unsere Schulter sie nicht mehr tragen kann? Öfters liegt dies im falschen Einsatz von Energie, Kraft und Geduld. Energie, Kraft und Geduld, welche uns als Menschen zur Verfügung stehen, sind für das hier und jetzt völlig ausreichend (Şahinöz, 2016, S. 173ff). Wir haben also für die Gegenwart genug Energie, Kraft und Geduld, um mit jeder Last, mit jedem Problem und mit jeder Krise fertig zu werden.

Was wir jedoch fälschlicherweise machen ist, dass wir diese Energie, Kraft und Geduld auf Vergangenheit und Zukunft verteilen. Wir hängen dann z.B. in der Vergangenheit und können alte Erlebnisse nicht verarbeiten und akzeptieren oder denken zu vertieft in die Zukunft, so, dass wir uns unnötige Gedanken machen und Zukunftsängste, Angst- und Zwangsstörungen entwickeln.

Ständige Gedanken nach dem „Was wäre, wenn?" oder „Hätte ich doch dies oder das getan" kann verrückt machen. Das "Hätte" öffnet eine Tür zur Hoffnungslosigkeit. In solchen Fällen werden die wichtigen Ressourcen Energie, Kraft und Geduld, die ja im Normalfall zur Bewältigung jeden Krieses ausreichen, zu knapp. Die Energie des Menschen wird durch Verschwendung, Unwirtschaftlichkeit, Unbescheidenheit und Habsucht schwer in Mitleidenschaft gezogen und geschädigt, so dass kein Segen mehr in ihm liegt. Damit wird die Last, das Problem, das Aushaltbare nicht mehr aushaltbar und tragbar.

In einem Marathon sprintet man nicht die ganze Zeit, um ans Ziel zu kommen. Man teilt seine Kraft, Energie und Zeit richtig ein und gelangt so zur Ziellinie (vgl. Achor, 2010, S. 130). So sollte die Einteilung auch im Alltag und in der Bewältigung von Problemen sein.

Eine Katze macht uns vor, wie man mit Geduld sein Zeil erreichen kann. Teilweise wartet eine Katze stundenlang fast regungslos vor einem Mäuseloch und wartet darauf, bis die Maus wieder aus dem Loch herauskommt. Am Ende wird er für seine Geduld belohnt.

Gefangen in der Vergangenheit

Oft ist es so, dass wir in der Vergangenheit ein traumatisches Ereignis erleben. Wenn wir dann in der Gegenwart in eine ähnliche Situation gelangen oder uns an dieses Ereignis erinnern, holen wir das Ich aus der Vergangenheit in die Gegenwart und erleben die Schmerzen immer wieder. Ein Klon unserer selbst kommt quasi aus der Vergangenheit und lässt uns die Schmerzen noch einmal spüren.

So tragen wir das Erlebte aus der Vergangenheit immer mit uns mit. Viele Traumata entstehen in der frühkindlichen Zeit. Laut Freud werden verdrängte Konflikte in den körperlichen Bereich geleitet, ohne dass eine körperliche Ursache auffindbar ist. Man geht dann von Arzt zu Arzt und lässt sich dutzende Male untersuchen, ohne großen Erfolg. Denn die tatsächliche Ursache steckt im Unterbewusstsein. Negative Gefühle und Gedanken beeinflussen den Körper und können uns sogar krankmachen. Daher sind Körper und Geist immer in Verbindung miteinander und können nicht getrennt voneinander betrachtet werden. Ein ganzheitliches Gesundheitsverständnis führt deshalb zu besseren Ergebnissen, als wenn man nur den einen Bereich betrachtet und den anderen auslässt.

Das in der Vergangenheit Erlebte kann jedoch mit einem Perspektivenwechsel uminterpretiert (Reframing), korrigiert und in der Biographie neu eingeordnet werden. Denn die Vergangenheit ist zu Ende, sie ist abgeschlossen. Die Schmerzen sind ebenfalls vergangen. Die Schmerzen aus der Vergangenheit in die Gegenwart zu tragen, belastet den Menschen. Sie führt zu bewussten oder unbewussten inneren Konflikten, die verdrängt werden und dadurch unser Denken und Handeln beeinflussen. Wenn man sich ständig über die Schmerzen oder Fehler der Vergangenheit ärgert, kann man sich auf die Gegenwart nicht konzentrieren. Man sollte daher die Schmerzen hinter sich lassen und versuchen, die Weisheiten hinter dem Erlebten zu erkennen. Ein Einstellungs- und Perspektivenwechsel ändert also auch unsere Trauer. Sie führt zu einem tieferen Verständnis des Erlebten, gibt der Vergangenheit einen neuen Sinn und führt dadurch zu positiven Veränderungen in der Gegenwart.

Dabei geht es nicht darum, die Vergangenheit zu leugnen oder zu vergessen. Leugnen bringt nur einen kurzfristigen Schutz. Auch muss die Vergangenheit nicht vergessen werden, denn sie ist ein Teil der eigenen Biographie. Verdrängen oder sich abzulenken, um nicht daran zu denken, sind ebenfalls keine Lösungen. Wichtig ist, die Vergangenheit zu akzeptieren und loszulassen, damit man sich von dieser Last befreien kann und nicht gefangen ist in der Vergangenheit.

Nur die Akzeptanz, dass es so war, wie es war, und dass es vielleicht sogar so sein sollte, führt dazu, dass wir mit dem Schmerz der Vergangenheit abschließen können. Erst dann können wir auch die Weisheit dahinter erkennen, Erfahrungen daraus ziehen, die Möglichkeiten ergreifen und die Zustände verändern. Dies ist also eine positive Uminterpretation der negativen Erlebnisse der Fähigkeit.

Passen unsere Erinnerungen?

Erinnerungen sind ein wesentlicher Bestandteil unseres Lebens. Sie helfen uns, uns an vergangene Ereignisse zu erinnern und daraus zu lernen. Doch es ist wichtig zu beachten, dass unsere Erinnerungen nicht immer die Wirklichkeit, wie oder ob überhaupt etwas passiert ist, widerspiegeln.

Oftmals gibt es falsche oder verfälschte Erinnerungen, die unser Gedächtnis beeinflussen können. So sind in unserem Gedächtnis viele Erinnerungen an die Vergangenheit gespeichert, die aber nicht immer der Wahrheit entsprechen müssen. Z.B. kann man sich selbst einreden, vor langer Zeit ein bestimmtes Ereignis, ein bestimmtes Gespräch oder den Besuch eines bestimmten Ortes gemacht zu haben, ohne dass das jemals tatsächlich stattgefunden hat. In dem wir uns aber regelmäßig vorstellen, dass es so war, entwickeln wir Bilder im Kopf. Je älter dann das sogenannte Ereignis zurückliegt, desto mehr fangen wir an, zu glauben, dass es tatsächlich eingetroffen wäre. Solche verzerrten Erinnerungen führen dann zu einer Selbsttäuschung. Wir verwechseln dann unsere realen Erlebnisse mit Geschichten, die wir über uns selbst ausgedacht haben.

Es gibt auch Situationen, in denen Erinnerungen angepasst werden. Wenn wir uns z.B. an vergangene Handlungen erinnern, kann es sein, dass wir sie den gegenwärtigen Umständen anpassen oder uminterpretieren. Denn der Sinngehalt der wahrgenommenen Realität hängt von der eingenommenen Perspektive ab (vgl. Schlippe A., Schweitzer J., 2009, S. 76).

Der Mensch stellt also Kausalitäten auf, wo es keine gibt. Man stellt aus verschiedenen Erlebnissen eine Theorie auf. Dabei werden Fakten, die den eigenen Ansichten widersprechen, ausgeblendet und Ereignisse, die den eigenen Erwartungen entsprechen, positiver beurteilt. Diesen Prozess nennt man auch kognitive Verzerrung (Boeing, Hürter, 2023, S. 25).

Studien von Elisabeth Loftus (1975) zeigen auch, dass es möglich ist, falsche Erinnerungen in das Gedächtnis einer Person einzupflanzen. Wenn z.B. ein Freund jahrelang davon erzählt, dass sie bei einem Treffen dabei waren, fangen sie langsam an, Bilder im Gehirn dazu zu entwerfen. Dadurch entstehen im Gedächtnis durch äußere Einflüsse eingepflanzte Erinnerungen. Dies kann zu Verwirrung und Fehlinterpretationen führen, ja sogar zu großen lebensentscheidenden Handlungen.

Denn wir handeln oft nach Erinnerungen – ob wahr oder falsch. Der Glaube also, wie ein Erlebnis angeblich war, steuert uns in der Gegenwart. Daher sollten wir auch unsere Erinnerungen hinterfragen (Sharot, 2014, S. 220ff).

Wir sind jedoch Erinnerungen nicht komplett ausgeliefert. Man kann bewusst gegen falsche Erinnerungen vorgehen, indem man seine Gedanken und Erinnerungen immer wieder kritisch hinterfragt. Dabei ist es hilfreich, sich bewusst zu machen, dass Erinnerungen und Wahrnehmungen, wie etwas passiert ist, subjektiv sind.

Unsere Erinnerungen sind also nicht immer zuverlässig. Man sollte sich darauf einstellen, dass es immer wieder zu Verzerrungen und Verfälschungen kommen kann. Durch kritisches Denken und eine bewusste Auseinandersetzung mit unseren Erinnerungen können wir jedoch dazu beitragen, ein genaues Bild der Vergangenheit zu erhalten. So können wir auch alte Lasten der Vergangenheit viel leichter abwerfen.

Eigene Fähigkeiten
richtig erkennen

Rumi sagte einmal: „Zeige dich, wie du bist oder sei, wie du dich zeigst." Sich selbst zu sein und sich nicht zu verstellen, erfordert jedoch, dass man sich erst selbst kennenlernt.

Dazu gehört auch, seine eigene Natur und Fähigkeiten zu erkennen. Einem Kaninchen, der zum Psychotherapeuten ging, um stark wie ein Krokodil zu werden, antwortete der Psychologe in einer Erzählung: „Ich fürchte, wir können kein Krokodil aus Ihnen machen, Herr Kaninchen. Aber wenn Sie es wünschen, können wir versuchen, ihre Beziehung mit der Karotte zu verbessern." Die eigene von Geburt an gegebene Natur kann man also nicht verändern, jedoch seine Verhaltensweisen oder Denkstrukturen. Diese kann man verändern, ohne seine eigene Natur zu verändern und damit sich selbst fremd zu werden.

Jedes Individuum hat andere Talente. Jeder Mensch besitzt Fähigkeiten, die es besser kann als andere. Daher gibt es auch keinen "leichten" oder "schwierigen" Studiengang oder Beruf. Da unsere Fähigkeiten, unsere Talente, unser Können unterschiedlich sind, kann es auch kein universales Leicht oder Schwer geben. Für den einen ist Studium A leicht, für den anderen wiederum B.

Das wichtige ist, diese Fähigkeiten und Talente früh genug zu erkennen und einzusetzen. Wenn Eltern genau hinschauen, können sie schon im Kindesalter die Fähigkeiten ihrer Kinder herauslesen und diese gezielt fördern. Dies führt auch dazu, dass das Kind später nicht perspektivlos wird und sich selbst erst einmal finden muss.

Die Konzentration auf die eigenen Fähigkeiten und Talente führt dazu, dass man sich selbst besser kennt. Die eigenen Stärken und Schwächen werden bewusst. Auf diese Weise kann man wichtige Lebensentscheidungen, wie z.B. Berufswahl, viel besser treffen.

Der "beste Job" ist demnach nicht der Job, bei dem man am meisten Geld verdient. Denn wenn man dann ungewollt einen solchen Job macht, hat man mit der Zeit keine Lust mehr und wird schleichend depressiv. Bei der Berufswahl sollte man sich daher an den eigenen Fähigkeiten orientieren und dass man Freude und Spaß an dem hat, was man tagtäglich macht.

Diese Kombination aus Fähigkeit und Freude gilt nicht nur in der Berufswelt, sondern sollte bei allen unseren Entscheidungen ein Maßstab sein. Selbstverständlich wird es nicht immer gelingen, diesen Maßstab anzuwenden. Im

Leben begegnen wir nicht immer mehreren Alternativen. Es gehört auch dazu, aus Verantwortung manchmal Dinge zu tun, zu denen man vielleicht keine Lust hat. Jedoch sollte man überall da, wo man eine Entscheidung nach diesen Kriterien treffen kann, diese auch anwenden.

Auch werden wir schlechte Eigenschaften oder Gewohnheiten bei uns selbst entdecken. Entweder sollte man versuchen diese Schritt für Schritt loszuwerden oder sie positiv einzusetzen. Ja, auch schlechte Eigenschaften können positiv genutzt werden. Wenn z.B. jemand stur ist, kann er diese Eigenschaft einsetzen, um stur und hartnäckig an einem positiven Ziel zu arbeiten, z.B. um eine Prüfung zu bestehen. Wenn jemand verschwenderisch ist, kann er "verschwenderisch" im Spenden werden. Man kann also jede Eigenschaft sinnvoll und zum Guten einsetzen.

Wenn man in einer Position oder Rolle ist, die "Aufgaben" verteilt (Lehrer, Eltern, Sporttrainer, Chef), sollte man ebenfalls auf die Fähigkeiten des Gegenübers achten. Jemandem eine Aufgabe zuzuteilen, die er nicht schaffen kann, wird denjenigen demotivieren (Şahinöz, 2020, S. 31). Daher ist es von großer Bedeutung, auch die Fähigkeiten anderer gutzuerkennen und diese Effektiv einzusetzen.

Studien zeigen, dass Menschen sich selbst bei positiven Eigenschaften im Vergleich zu anderen Menschen überdurchschnittlich besser einschätzen. Die Selbsteinschätzung ist immer zu Gunsten der eigenen Persönlichkeit. Schlechte Eigenschaften haben demnach andere. Die eigenen schlechten Eigenschaften werden verkannt. Dadurch kann ein falsches Überlegenheitsgefühl entstehen. Da man sich jedoch selbst mit dem Attribut Überlegenheitsgefühl nicht schmücken würde, überblendet man auch diese Tatsache und sieht seine eigene Wahrnehmung als korrekt und nicht als Überlegenheit an. Einen verzerrten Blick haben dann nur die anderen.

Zufälle?

In einem amerikanischen Sprichwort heißt es: „Glück ist, was passiert, wenn Vorbereitung auf Gelegenheit trifft." Dass bedeutet, Glück ist kein Zufall, sondern hat etwas mit Planungen und Nutzen von Gelegenheiten zu tun.

Aber weil wir bestimmte Zusammenhänge nicht verstehen, begegnen wir im Alltag häufig "Zufällen". Bei näherer Betrachtung fällt jedoch auf, dass es keine Zufälle gibt.

Wenn wir einem Freund im Supermarkt begegnen, betrachten wir dies als ein zufälliges und nichtgeplantes Zusammentreffen. Ein dritter Freund jedoch, der von beiden Freunden die Information hätte, dass sie zur gleichen Zeit in den gleichen Supermarkt gehen, würde dies nicht als Zufall bezeichnen.

Zufall hängt also vom Auge des Betrachters ab. Noch genauer: von den zur Verfügung stehenden Informationen. Weil uns Informationen fehlen, glauben wir an Zufälle.

Zufall ist demnach nur die Unfähigkeit des Menschen, die gesamte Ordnung zu verstehen (Şahinöz, 2018, S. 29).

Wenn also nichts durch Zufall entsteht, muss alles, was geschieht und nicht geschieht, einen Sinn und eine Weisheit haben. Nichts entsteht durch blinden Zufall oder durch Chaos.

Wenn aber nichts durch Zufall entsteht, heißt dies im Umkehrschluss, dass alles durch eine Ordnung, mit einer Weisheit und mit Sinn und Zweck geschieht. Daher braucht der Mensch vor dem, was geschieht und was nicht geschieht, nicht Angst zu haben. Vertrauen in diese absolute Weisheit und Ordnung, verleiht dem Menschen ein unglaubliches Sicherheitsgefühl und einen äußerst positiven Zustand des Glücks und inneren Friedens.

Umgang mit Krankheiten und Krisen

Das Leben ist stets kurvenreich. Unserer eigenen Vorstellung nach sollte unsere Biographie- oder Erfolgskurve stets aufsteigend verlaufen. Die Lebenswirklichkeit sieht jedoch ganz anders aus.

Mal gibt es ein Aufstieg, mal ein Abstieg. Mal kommt man schnell zu einem Zielpunkt, öfters muss man jedoch Umwege nehmen.

Krankheiten und Krisen sind oft Punkte, an denen unsere Pläne einen anderen Weg nehmen müssen. Dies muss jedoch nicht immer negativ sein. Häufig führen solche Momente dazu, dass wir reifen oder uns spirituell weiterentwickeln. Wir sehen Dinge, die wir vorher nicht gesehen oder zumindest nicht so wahrgenommen haben. Aus dieser Perspektive heraus betrachtet, beinhalten Krankheiten und Krisen wichtige Lebensweisheiten für uns. Sie schärfen unseren Blick und verändern unsere Prioritätenreihenfolge.

So wie ein Hirte manchmal einen kleinen Stein nach seinen Schafen wird, damit sie am Rand einer Schlucht umkehren und nicht in den Abgrund stürzen, sind Krisen und Krankheiten Gelegenheiten für uns, eine Zwischenbilanz unseres Lebens zu machen und nach neuen Wegen zu suchen.

Eine Krise ist manchmal sogar der entscheidende Impuls, um im Leben etwas zu verändern. Durch solche Krisen erreichen wir in kurzer Zeit eine Reife, die man als gesunder in langer Zeit nicht erreichen kann. Leider brauchen wir manchmal diese Impulse. Mit solchen Krisen und Krankheiten werden wir quasi zu unserem Glück gezwungen, auch wenn es wehtut. Daher ist die Krankheit manchmal eine Gesundheit und ein Segen, weil sie uns aufrappelt und manchmal ist die Gesundheit wie eine Krankheit, das uns blind für die wichtigen Dinge macht.

Die Zeitwahrnehmung spielt in Krisensituationen ebenfalls eine wichtige Rolle. Sie unterscheidet sich von Zustand zu Zustand. Obwohl wir die Zeit klar messen können, ist unsere Wahrnehmung darüber, „wie viel Zeit vergangen ist" sehr unterschiedlich. Bei Krankheiten oder Unglück fühlen wir die Zeit viel länger, als würde die Zeit nie vergehen. Wenn wir Spaß haben, geht die Zeit dann zu schnell vorüber. Obwohl die Zeit gleichbleibt, ändert sich eben die Wahrnehmung.

In Zeiten des Unglücks befinden wir uns daher in einem Reifungsprozess. Diesen Prozess nehmen wir viel länger wahr, weil sie uns viele Früchte für das gesamte Leben bringt.

Glücklicherweise erholt sich der Mensch in den meisten Fällen schnell von Unglück und Katastrophen. Aus dieser Perspektive heraus ist "Vergessen" ein Segen, ansonsten könnten wir die Gegenwart nicht leben und die Zukunft nicht planen

Dabei sucht unser Gehirn, welches eine extrem flexible und anpassungsfähige Maschinerie ist, nach den guten Seiten eines Unglücks. So findet man nach fast jedem Unglück schnell wieder zu seinem normalen Befinden zurück. Bevor wir z.B. krank werden, versuchen wir diese selbstverständlich zu vermeiden. Damit gehen wir jeglichen Belastungen aus dem Weg oder vermeiden Gefahren. Falls jedoch das Vermiedene eintritt, wird die veränderte Situation neu bewertet. Wir passen uns dann den veränderten Lebensumständen an und entwickeln den neuen Umständen entsprechend neue Fähigkeiten. Manchmal geschieht die Neubewertung sogar noch bevor das Eintreffen eines negativen Ereignisses, in dem wir uns das Geschehen gedanklich schon im Vorfeld zurechtrücken. Damit begrenzen wir auch schon im Vorfeld unsere negativen Reaktionen auf ein Geschehen und sind besser vorbereitet (Sharot, 2014, S. 226ff).

Neue Lebensumstände sollten daher nicht als Hindernisse oder Ausreden wahrgenommen werden, um bestimmte Ziele nicht erreichen zu können.

Unglück macht also unser Leben nicht unbedingt schlechter. Sie macht es nur anders. Wenn wir das neue Andere akzeptieren und Wege suchen, um das Leben auf diese neue Art und Weise fortzuführen, finden wir auch neue Ziele und neue Methoden für den Alltag.

Angst vor dem Tod

Die Urangst des Menschen ist es, zu sterben. Denn der Mensch möchte nicht sterben, er verlangt nach einem ewigen Leben. Seinen eigenen Tod will man sich daher besser nicht vorstellen. Wenn es um den Tod geht, gehen wir deshalb immer davon aus, dass es andere trifft.

Am schlimmsten zu überwinden ist der Tod unserer Liebsten. Die Vorstellung, sie nie wieder sehen zu können, kann das Leben unerträglich machen. Man wird zu einem lebendigen Toten.

Dabei gehört der Tod genauso zum Leben dazu wie die Geburt. Obwohl man den Tod erwartet, erscheint es uns meistens unerwartet und plötzlich. Dabei ist der Tod das einzige im Leben, das 100% eintreffen wird. Alles, was wir planen oder erwarten, auch Selbstverständlichkeiten, können höchstens zu 99,99% eintreffen. Es gibt immer eine Möglichkeit, selbst wenn sie winzig klein ist, dass etwas nicht eintrifft. Das einzige aber, dass zu 100% ohne „wenn" und „aber" eintreffen wird, ist der Tod. Alles, was geboren wird, wird auch sterben. Dies ist keine Prognose, sondern ein Spoiler. Mit dieser Wahrheit muss man sich anfreunden. Ansonsten wird eine unnötige Angst vor dem unvermeidlichen Eintreffen des Todes das Warten darauf noch unerträglicher machen. Die Angst würde noch mehr steigen und man wäre wie in einem Teufelskreis der Angst.

Mit der Akzeptanz dieser Wahrheit wird der Tod nicht zu einem Feind des Menschen. Wie oder woran der Mensch stirbt, ist dann nur noch zweitrangig. Wenn der Todeszeitpunkt kommt, führt eben eine Ursache, wie z.B. Autounfall oder Herzinfarkt, zu dieser Wirkung.

Der Tod ist dann nur noch ein Raumwechsel. Es ist die Tür zu einem anderen Raum. Alle, die noch leben, befinden sich in einem Raum. Alle, die sterben, wechseln den Raum. Sie wechseln also nur die Dimensionen. Dadurch wird die wahre Bedeutung von Leben und Tod ersichtlich. Die Angst vor dem eigenen Tod und die Trauer durch den Tod unserer Nächsten verschwindet.

Und obwohl wir wissen, dass wir jeden Moment sterben können, ist es wichtig, für die Zukunft zu planen, als würde man nie sterben und verantwortungsvoll zu leben, als würde man jeden Moment sterben.

Aufstieg nach dem Abstieg und Abstieg nach dem Aufstieg

Es war einmal ein junger Mann namens Noah, der das Leben in vollen Zügen genoss. Er hatte eine wunderbare Familie, großartige Freunde und einen Job, den er liebte. Noah dachte, dass das Leben immer so weitergehen würde, ohne Probleme oder Schwierigkeiten. Doch dann traf ihn ein harter Schlag: Sein Vater erkrankte plötzlich an Krebs und Noah musste sich um ihn kümmern. Die nächsten Monate waren geprägt von Klinikbesuchen, Chemotherapie und unzähligen schlaflosen Nächten. Noah fühlte sich, als ob er in einem dunklen Tunnel gefangen war und keinen Ausweg finden konnte. Doch dann kam der Tag, an dem der Arzt ihm sagte, dass sein Vater den Kampf gegen den Krebs gewonnen hatte und bald wieder nach Hause kommen würde. Noah fühlte sich, als ob ein riesiges Gewicht von seinen Schultern genommen wurde. Er begriff, dass das Leben aus positiven und negativen Seiten besteht und dass er bereit war, mit all den Herausforderungen umzugehen, die ihm das Leben bringen würde. Ein paar Monate später traf Noah eine wunderbare Frau namens Emilia. Sie verliebten sich und heirateten. Gemeinsam planten sie eine wunderschöne Zukunft für sich. Doch dann verlor Noah plötzlich seinen Job und seine Ersparnisse schmolzen dahin. Er fühlte sich verzweifelt und allein gelassen. Emilia aber sagte zu ihm: „Ich liebe dich nicht wegen deines Jobs oder deiner Ersparnisse, ich liebe dich wegen deiner Persönlichkeit und deinem Charakter." Sie unterstützte ihn durch diese schwere Zeit und half ihm, sich auf die Suche nach einem neuen Job zu machen. Nach ein paar Monaten fand Noah einen neuen Job, der besser war als sein alter. Er begann wieder zu sparen und er und Emilia planten ihre Zukunft weiter. Sie wussten, dass das Leben nicht immer leicht war, aber sie waren bereit, gemeinsam durch alle Herausforderungen zu gehen. Noah hatte gelernt, dass das Leben eine Reise ist, die aus Höhen und Tiefen besteht. Er wusste, dass er nicht immer alles unter Kontrolle haben würde, aber er war bereit, das Beste aus jeder Situation zu machen und sich auf seine Stärken zu konzentrieren. Das Leben hatte ihm gezeigt, dass es am Ende immer einen Weg gibt und dass man nie aufgeben sollte.

Nach dem tiefsten Punkt kommt der Aufstieg. Nach der dunkelsten Phase der Nacht beginnt die Helligkeit. So folgt nach dem Abstieg auch wieder ein Aufstieg. Nach einem Tief kann man dann wieder entscheiden, wie es weiter geht oder welche ganz neuen Wege man gehen will.

Aber man sollte sich nichts vormachen, nach einem Aufstieg, folgt wieder ein Abstieg. So ist der Gang der Dinge, der normale Lebenszyklus. Wenn wir unsere eigene Lebensbiographie einmal betrachten, werden dies ständig beobachten. Wie schon erwähnt, folgen Glück und Unglück, Zeit der Dankbarkeit und Zeit der Geduld, aufeinander.

Seminare, Influencer oder Gurus, die vorgaukeln, dass nach dem Abstieg ein Aufstieg kommt, aber nicht sehen, dass nach diesem Aufstieg auch irgendwann wieder ein Abstieg kommen wird, verschleiern die Wirklichkeit. Sie sehen und zeigen nur einen Teil der Realität.

Da dann der Abstieg nicht erwartet wird, ist der Frust, der Ärger, die Hoffnungslosigkeit und die Enttäuschung groß. Dabei sollte man sowohl mit dem Aufstieg als auch mit dem Abstieg rechnen und beides in die Lebensplanung einkalkulieren. Bei beidem sollte der Mensch nicht einbrechen. Bei Abstieg nicht in die Depression stürzen und beim Aufstieg nicht in Hochmut. Das Gleichgewicht zu halten, darin liegt die Kunst.

Gleichgewicht

Dunkelheit ist nur die Abwesenheit der Helligkeit. Kälte ist nur die Abwesenheit der Wärme. Demnach existieren Dunkelheit und Kälte nicht wirklich. Sie sind nur die Abwesenheit des Eigentlichen, des Positiven. In der gleichen Art und Weise sollte man sein eigenes Leben nicht zur Dunkelheit machen, in dem man falsche Maßstäbe ansetzt. Erfolg sollte nicht mit Zahlen oder dem Geldhaufen auf dem Bankkonto gemessen werden. Es ist nicht nur dann ein Erfolg, wenn man ein mathematisch bestimmtes festgelegtes Ziel erreicht hat. Die so häufig gesuchte innere Ruhe kommt nicht durch materiellen Erfolg, sondern sie kommt unabhängig von Materie und Besitztum.

Die Konzentration nur auf Materielles, engt das Individuum jedoch stark ein. Es macht den Menschen zu einem Roboter. Ein Roboter, der nicht arbeitet und isst, um zu leben, sondern lebt, um nur zu essen und zu arbeiten. Damit ist das Gleichgewicht im Menschen gestört.

Balance und Harmonie im Menschen selbst und mit seinem Umfeld bleiben aus.

Langfristige Freude findet der Mensch in Beziehungen zu allen Lebewesen. Im Einklang und in Verbundenheit mit der Umwelt, mit der Tierwelt und mit der Gesellschaft entsteht innere Ruhe und spirituelle Harmonie, die dazu führt, dass der Mensch für sich selbst ebenfalls ein Gleichgewicht aufbauen kann. Dieses Gleichgewicht findet im Menschen selbst zwischen seiner Seele und seinem Körper statt.

Der Mensch besteht nicht nur aus Leib und Körper. Nicht nur diese müssen z.B. mit Lebensmittel gestillt werden. Sondern, der Mensch hat auch eine Seele, welcher Leib und Körper erst lebendig macht. Auch die Seele muss gestillt werden. Auch die Seele braucht ihr Nahrungsmittel. Dieses Nahrungsmittel ist das Gleichgewicht, die Harmonie und Spiritualität, die dazu führen, dass die Seele gesättigt wird und der Mensch dadurch innere Ruhe findet.

Im gesamten Universum sehen wir dieses Gleichgewicht. Im Ökosystem oder zwischen den Planeten und Sternen sehen wir ein faszinierendes Gleichgewicht, eine atemberaubende Ordnung. Erst wenn sich der Mensch in dieses Gleichgewicht einmischt, sie stört, entstehen Konflikte, wie z.B. Klimawandel, Armut oder Hungersnot. Hungersnot entsteht nicht, weil es in bestimmten Gebieten zu wenig Nahrung gibt, sondern weil der Mensch sich gierig einmischt und die Verhältnisse ungerecht verteilt.

Um ein Gleichgewicht zu erlangen, ist es nötig, in allem ein gewisses Maß einzuhalten. Jede Art von Übertreibung oder Untertreibung kann dazu führen, das Gleichgewicht zu stören. Das gilt für auch für die alltäglichen Handlungen des Lebens, wie z.B. Essen, Trinken oder Schlafen. Über- oder Untertreibung bei diesen Handlungen kann zu gesundheitlichen Beeinträchtigungen führen. Der mittlere Weg, der Mittelmaß aller Dinge, ist der menschlichen Natur am nützlichsten.

Diesem Mittelweg sollte man folgen. Ohne zu übertreiben oder zu untertreiben. In allen Lebensbereichen die "goldene Mitte" zu finden, erleichtert das Herz und die Seele.

Unabhängigkeit und Freiheit

Der Kapitalismus redet uns ein, was wir alles haben sollen und wonach wir streben sollen. Wir sollen reich, schön und schlank werden, um glücklich zu werden (Kiyosaki, 2022; Hill, 2020; vgl. Heidenreich, 2022, S. 25). Wir sollen ständig in allem besser werden und alles maximieren. Maximierung wäre der einzige Weg, damit wir uns wohl fühlen können.

Man glaubt dann, dass man erst dann glücklich wird, wenn man dieses oder jenes Verkaufsziel erreicht hat, ein bestimmtes Gehalt bekommt oder ein Gewichtsziel erreicht hat. Die Formel lautet also: erst der Erfolg, dann die Zufriedenheit (vgl. Achor, 2010, S. 14). So ist man dann ständig unzufrieden mit seinem Ist-Zustand, da immer wieder, wenn ein bestimmtes Ziel erreicht wird, ein neues Ziel für die Zufriedenheit bestimmt wird.

Hierzu gibt es eine bekannte Erzählung vom Sultan und dem Wesir. Als der Sultan sah, dass ein Diener um ihn herum glücklicher war als er, rief er seinen Wesir zu sich und fragte ihn: „Ich sehe, dass mein Diener, der mir dient, glücklicher ist als ich. Aber ich frage mich, was der Grund dafür ist? Er hat nichts. Ich bin der Sultan, der Besitzer von allem, aber ich habe nicht so viel Frieden und Freude wie er." Daraufhin antwortete ihm der Wesir: „Mein Sultan, wenn du nicht willst, dass er glücklich ist, dann lass uns nachts 99 Goldmünzen in einen Beutel stecken, ihn vor seine Tür stellen und auf einen Zettel schreiben: ´Diese 100 Goldmünzen sind ein Geschenk für dich´, dann klopfen wir an seine Tür und beobachten, was passiert." Der Sultan tat, was der Wesir ihm riet. Der Diener öffnete die Tür, schaute nach links und rechts und nahm die Goldmünzen an sich. Aufgeregt zählte er das Gold. Aber als er sah, dass es nur 99 Goldstück waren und nicht 100, wie es auf dem Zettel stand, dachte er: „Ich glaube, ein Goldstück ist irgendwo draußen heruntergefallen." Daraufhin machten sich seine Familie und er auf die Suche nach dem vermeintlich fehlenden Goldstück. Sie suchten die ganze Nacht nach dem fehlenden Gold. Es gab keinen Ort und keine Straße, in der sie nicht suchten. Sie suchten sogar unter den Möbeln, auf den leeren Feldern und Straßen. Aber vergeblich. Da sie das Gold nicht finden konnten, schimpfte der Vater mit seinen Kindern. Am nächsten Morgen kam der Diener zu seinem Dienst, aber er war den ganzen Tag über traurig und nachdenklich. Denn er hatte die ganze Nacht nicht geschlafen und suchte nach dem verschwundenen Gold. Er war den ganzen Tag in einer mürrischen, deprimierten und klagenden Haltung. Wenn ein Mensch also all die 99 Dinge, die er hat, nicht sieht und stattdessen an dem hängen bleibt, das nicht da ist und wenn er sein Leben damit verbringt, danach zu suchen, dann wird er unglaublich unglücklich. Man wird stets unglücklich, wenn man auf das schaut, was man nicht hat und das nicht wertschätzt, was man hat.

Denn ständig sollen wir neue Chancen ergreifen, um "mehr" aus uns zu machen (vgl. Heidenreich, 2022, S. 29). In YouTube Werbungen zeigen uns junge Kerle mit teuren Autos, wie sie vermeintlich mit wenig Arbeit Millionäre geworden sind (und trotzdem auf billige YouTube

Werbungen angewiesen sind). Es hat den Anschein, als wären alle Menschen erfolgreich. Als hätten alle eine geheime Formel entdeckt, wie man ohne Nichtstun reich wird, nur man selbst nicht. Man fällt in Selbstzweifel. Dadurch entsteht auch der Druck, immer Ergebnisse für andere zu liefern. Es herrscht dann ständig ein Wettrennen um Ressourcen und ein Ausbeuten der Schwächeren.

Für den Menschen entstehen dadurch unnötige Notwendigkeiten. Güter und Dienste, die die menschliche Natur nicht braucht, werden künstlich generiert. Der durch den Kapitalismus zu geflutete Mensch fühlt sich dadurch bedrängt und abhängig. Er glaubt, dass er all die Dinge, die ihm vorgegaukelt werden, tatsächlich braucht, um den inneren Frieden zu finden. Durch diesen übermäßigen Konsum steigen seine Notwendigkeiten plötzlich von 4 auf 40. So kauft man dann Sachen, die man nicht braucht, mit Geld, das man nicht hat um Menschen zu imponieren, die man nicht mag. Man wird zum Sklaven seiner eigenen Begierden.

Jegliche Materie ist aber nur ein Ding. Es sind nur Dinge, die nur kurzfristig Glück, z.B. in Form von Vorfreude, empfinden lassen. Hat man sich an das Ding, das man angeblich unbedingt brauchte, gewöhnt, verschwindet das Gefühl des Glücks. Schon steht das nächste Ding im Visier, das ebenfalls Glück bringen soll. Das ist dasselbe wie mit Fastfood. Fastfood sättigt vielleicht, macht aber nicht glücklich und darauf zu verzichten macht wiederum nicht unglücklich.

Wenn das Objekt der Begierde kaputt geht oder einfach nicht mehr da ist, wird man ebenfalls unglücklich. Besser ist es aber, wie Randy Pausch in seinem letzten Unterricht, zu sagen: „It's just a thing. Es ist nur ein Ding. People are more important than things" (Pausch, 2008, S. 77ff).

Dieses Besitzgefühl und die Besitzansprüche, die mit dem Wort "mein" beginnen, wie z.B. mein Auto, mein Haus, machen den Menschen abhängig. Plötzlich wird man abhängig von den Dingen, die man eigentlich nutzen wollte. Die Dinge, die wir besitzen, fangen damit an, uns zu besitzen. Wir richten unseren Alltag, unseren Terminkalender nach diesen Dingen.

Wahren Frieden findet jedoch jemand nur, der unabhängig vom Materiellem ist, der also vom weltlichen loslassen kann. „Geh mir aus der Sonne", sagte eins der Kyniker Diogenes als Alexander der Große versprach, ihm jeden Wunsch zu erfüllen. Für Diogenes war aber das, was er hatte, nämlich Nichts, genug. Er war damit frei und unabhängig. Er war frei von aller Last.

Innerer Frieden und Ruhe erreicht man eben nicht durch kapitalistischen Erfolg. Sie sind nicht durch den Kontostand auf der Bank messbar.

Die Formel "erst Erfolg, dann Zufriedenheit" ist also ein Irrsinn, dass in den allermeisten Fällen nicht funktionieren kann. Zufriedenheit kommt nicht mit Erfolg. Es läuft genau andersrum (vgl. Achor, 2010, S. 14). Wer zufrieden ist, wird auch erfolgreich, daher lautet die richtige Formel "erst Zufriedenheit, dann Erfolg". Wer zufrieden mit sich und seinem Zustand ist, ist viel positiver und findet daher viel mehr Möglichkeiten, noch erfolgreicher zu werden.

Grenzen - eigene und fremde

Die eigenen Grenzen zu kennen oder sich selbst Grenzen zu setzen ist wichtig. Dies stärkt die Selbsterkenntnis und führt dazu, dass man sich selbst nicht unnötig überlastet. Erst durch diese Selbsterkenntnis kann man sich selbst besser einschätzen und sich selbst vertrauen.

Daher ist es gut, sich keine falschen Grenzen aufzusetzen. Weder ein überhöhtes Ego („Ich schaffe alles, her damit!"), noch ein fehlendes Selbstbewusstsein („Ich schaffe gar nichts!") führen zum Erfolg. Auch hier ist die goldene Mitte der richtige Maßstab.

Der schlechteste Zeitpunkt, um eine Entscheidung zu treffen, ist es, wenn man mitten im Prozess steckt (vgl. Kahneman, Silbony, Sunstein, 2021). Daher ist es wichtig, schon vorher zu entscheiden oder zu wissen, wann eine Grenze erreicht ist

Manchmal versuchen uns andere Menschen Grenzen aufzulegen, in dem sie sagen, dass wir ein Ziel nicht erreichen können. Sie demotivieren andere Menschen, meistens aus Neid, weil sie selbst nicht in der Lage sind, ein bestimmtes Ziel zu erreichen. Die Anekdote, dass alle immer „Das geht nicht!" sagten, und dann einer kam, der das nicht wusste und es einfach versuchte und schaffte, trifft vor allem auf Thomas Edison zu. Edison, der als Erfinder der Glühlampe gilt, brauchte fast 9000 Versuche, bis er die Glühlampe marktreif entwickeln konnte. Nach dem 1000. Versuch sagte man ihm, dass er endlich aufhören soll, weitere Versuche zu unternehmen. Jeder "normale" Mensch hätte sich wohl auch an diesen Ratschlag gehalten. Doch Edison erwiderte diesen Menschen: „Ich kenne jetzt 1000 Wege, wie man keine Glühlampe baut." Er sah also die 1000 Versuche nicht als Verlust an, sondern als weitere Erkenntnisse. So schaffte er es schließlich, die Glühlampe zu entwickeln, obwohl ihm alle sagten: „Das geht nicht!".

Der Mensch ist von seiner Neigung her eher Beharrlich. Es heißt, dass ein Baby durchschnitt 200mal hinfällt, bevor es endlich lernt, zu gehen. Aber kein Baby der Welt würde nach diesen 200 Versuchen aufgeben und das Gehen nie erlernen. Dass wir unsere Behaglichkeit verlieren oder "Aufgeben", wenn mal etwas nicht klappt, lernen wir später, es gehört also eigentlich nicht zur Natur des Menschen.

Wissenschaft entwickelt sich also nicht nur durch rationale Berechnungen, sondern auch durch Beharrlichkeit, Enthusiasmus, Leidenschaft, Begeisterung und einer priese Naivität (Boeing, Hürter, 2023, S. 22). So sagte schon eins Friedrich Schiller: „Naiv muss jedes wahre Genie sein, oder es ist keines. Seine Naivität allein macht es zum Genie. (Das Genie ist) unbekannt mit den Regeln, den Krücken der Schwachheit und den Zuchtmeistern der Verkehrtheit."

Es ist daher wichtig, seine eigenen Grenzen nicht zu überschätzen, aber auch nicht zu unterschätzen. Wenn man von sich selbst weißt, zu was man im Stande ist, sollte man sich nicht von negativen Einflüssen einschränken lassen.

Klischees und Vorurteile

Während ich einmal einer bestimmten Berufsgruppe ein interkulturelles Training, in dem für andere Kulturen und Werte sensibilisiert wird, gab, sagte mir ein Teilnehmer, dass fast alle Menschen aus einem bestimmten Kulturkreis kriminell wären. Die Wahrheit war aber, dass dieser Teilnehmer auf Grund seines Berufes nur mit Menschen zu tun hat, die kriminell sind. Da er in seiner Freizeit keinen Kontakt mit diesem bestimmten Kulturkreis hatte, waren die einzigen Menschen, die er aus diesem Kulturkreis traf, kriminelle. Dadurch entstand bei ihm dieses Klischee. Klischees fallen also besonders auf und stechen hervor, vor allem wenn man Personen aus dem gleichen Kulturkreis ohne diese Klischees nicht kennt.

Im ersten Blick könnte man meinen, dass Klischees und Vorurteile das Leben erleichtern, da sie ein klares und einfaches Weltbild zeichnen und dadurch das intensive Denken, Nachforschen und Hinterfragen unnötig machen. Dem ist selbstverständlich nicht so.

Denn Klischees und Vorurteile erschweren uns das Leben ungemein, da sie ein völlig verfälschtes Weltbild hervorrufen.

Sie führen dazu, dass wir andere Menschen falsch – meistens negativ – bewerten und in bestimmte Schubladen stecken.

Eine negative Erfahrung mit einer Person aus einem bestimmten Kulturkreis führt dann dazu, dass wir alle Menschen aus diesem Kulturkreis als identisch wahrnehmen, als wären sie alle gleich. Dass dies nicht so sein kann, kann jeder schnell begreifen, in dem man seinen eigenen Kulturkreis betrachtet. Sind wir alle identisch in unserem eigenen Kulturkreis? Haben wir die gleichen Eigenschaften und Vorstellungen? Mit Sicherheit nicht.

Wir gehen irrtümlich davon aus, dass unsere persönlichen Werte und unser Verständnis der richtige und universelle Maßstab für Werte und Verständnisse sind. Durch Überheblichkeit und Überlegenheit nehmen wir dann Werte anderer Kulturen nicht nur als befremdlich auf, sondern als falsch und negativ. Alles, was wir aus unserer eigenen Kultur kennen, ist dann Normal und eine Selbstverständlichkeit. Und alles, was aus einer fremden Kultur kommt, ist unnormal. Auf diese Weise hat sich in den letzten Jahrhunderten ein Kulturimperialismus entwickelt, der nichts als Schaden hervorgebracht hat.

Manchmal führen auch unsere eigenen negativen Eigenschaften dazu, dass wir andere mit diesen betrachten. Ein Dieb z.B. kann denken, dass jeder ein Dieb ist und bei der nächsten Gelegenheit klauen würde, so wie der Dieb selbst eben auch. Dies ist jedoch ein fehlerhafter Rückschluss. Genauso können wir unsere eigenen negativen Eigenschaften nicht auf andere übertragen und davon ausgehen, dass sie auch so seien.

Da sich aber Menschen öfters unbewusst genau so verhalten, wie man es von ihnen erwartet, kann es vorkommen, dass sie mit einer bestimmten erwarteten Haltung Stereotypen bedienen (Sharot, 2014. S. 65). Sie übernehmen dann nicht nur die positiven Aspekte einer Erwartung an sie, sondern eben auch die Klischees. Auf diese Art und Weise können Stereotypen weitergetragen und aufrechterhalten werden.

Dass Menschen unterschiedlich sind, hat seine Weisheit. Diese Unterschiedlichkeit erweckt die Neugier zueinander. Man lernt sich kennen und baut eine Beziehung auf. Unterschiedlichkeiten können also dazu führen, dass man sich gegenseitig unterstützt. Sie sollten daher nicht Gegenstand von Streitigkeiten sein, sondern als Möglichkeiten gesehen werden, sich gegenseitig zu unterstützen.

Liebe die Liebe, Hasse den Hass

Was immer du vom Herzen tust, kommt zu dir zurück. „What goes around comes around", heißt es in einem Sprichwort. So, wie man andere behandelt, genau so wird man irgendwann auch selbst behandelt. Senioren können ein Lied davon singen.

Daher sollte man stets jeden so behandeln, wie man auch selbst behandelt werden möchte. Man sollte Orte so verlassen, wie man sie selbst auch wiederfinden möchte.

Wenn man aber andere nur deshalb gut behandelt, um selbst gut behandelt zu werden, birgt dies auch etwas Egoismus in sich. Dies sollte nicht das einzige Ziel sein. Ziel sollte es vielmehr sein, Positives in den Kreislauf des Lebens zu bringen.

Eine solche Lebensweise kann jedoch nur entstehen, wenn man tatsächlich Liebe empfindet und den Hass ablehnt.

Die Liebe zu lieben und den Hass zu hassen, wirkt entspannend. Menschen, die Wut, Hass und Aggression mit sich tragen, sind ständig angespannt und werden mit der Zeit depressiv. Denn Hass führt zu weiterem Hass und auf Hass folgt Hass.

Gefühle wie Hass, Wut und Neid schwächen in erster Linie die Person selbst. Eifersucht macht den Eifersüchtigen selbst krankt, nicht den, auf den man eifersüchtig ist.

So verhält es sich auch mit Rachegedanken. Wie bei Neid machen sie vielmehr denjenigen kaputt, der hasst, als den, der gehasst wird. Daher ist Rache nicht süß, sondern sie schmeckt bitter. Sie heilt auch keinen Schmerz, sondern verursacht nur noch mehr unnötiges Leid. Öfters kommt es auch vor, dass man seinen unverarbeiteten Groll aus der Vergangenheit auf gegenwärtige Beziehungen überträgt und dadurch neues Leid verursacht (vgl. Spannbauer, 2016). So ist es vielfach für jemanden, der nicht gewissenslos ist, schmerzhafter, Unrecht zu tun, als ungerecht behandelt zu werden. Daher wirken negative Gedanken sehr erschöpfend.

Zudem schwächt Wut das komplette Immunsystem, während positive Gedanken, z.B. auch Lachen, das Immunsystem stärken. Lachen löst nämlich Glückshormone aus und man fühlt sich automatisch positiver. So ist es eine schöne "Spende" des Gesichts, stets zu lächeln.

Liebe entfaltet sich erst dann richtig, wenn man dem, den man liebt, auch sagt, dass man ihn liebt und mag. Erst dann entsteht eine Gegenseitigkeit. Eine Gegenseitigkeit, in dem man dem Gegenüber das Leben nicht erschwert, sondern erleichtert oder in dem man gute Botschaften bringt und nicht hassen lässt.

Manchmal ist es unser Ego, manchmal eine unnötige Sturheit, die uns daran hindert, zu lieben oder positiv eingestellt zu sein. Vielfach kommt es dann vor, dass Personen, die wir lieben, sterben, bevor wir ihnen sagen konnten, wie sehr wir sie eigentlich liebten. Erst nach dem Tod gewinnen sie dann an Wertschätzung. Dann ist es jedoch zu spät.

Jeder Mensch hat seine guten und schlechten Seiten. Die guten Seiten überwinden bei den allermeisten Menschen. Wenn man sich jedoch nur auf die schlechten Eigenschaften konzentriert, entstehen Vorurteile und Feindschaft. 100 gute Eigenschaften nicht zu sehen und sich stattdessen auf die eine schlechte Eigenschaften zu konzentrieren, ist kein gesunder Zustand. 100 positive Erlebnisse mit einem Freund auszublenden und sich nur an das eine schlechte Erlebnis zu erinnern, ist ungerecht.

Negative Gefühle können entstehen und sind menschlich. Man braucht sich hierfür nicht zu schämen. Man sollte jedoch lernen, damit umzugehen. Das beginnt damit, dass man sich zugesteht, dass man diese Gefühle empfindet. Solange man sie jedoch nicht in die Tat umsetzt oder im Alltag zum Ausdruck bringt, schaden sie uns nicht. Denn wie schon beschrieben, tauchen manchmal durch die vielen Informationen im Unterbewusstsein auch mal negative Gefühle auf, die wir uns aber nicht aneignen müssen. Wir können mit positiven Erfahrungen dafür sorgen, dass sie in positive umgewandelt werden.

Streit, Diskussionen, Kritik sind Selbstverständlichkeiten im Leben. Sie sind normal und gehören zur zwischenmenschlichen Kommunikation. Wichtig ist jedoch die Dosis. Wenn sich das in Hass umwandelt, nehmen negative Gefühle überhand.

Den Hass aufzugeben, wird helfen, das Herz von Missgunst und Neid zu befreien. Gibt man aber dem Hass einen Raum, wird automatisch auch eine Verbindung zum Gehassten aufgebaut. Aber gerade das will man ja nicht. Man will ja keine Verbindung zum Gehassten, dadurch würde Hass unser Leben bestimmen. Dies würde nicht dem Gehassten oder Beneideten schaden, sondern dem Hasser und Beneider selbst.

Positive Eigenschaften überwiegen

Negatives bleibt länger im Gedächtnis. Wir erinnern uns ständig daran. Dabei vergessen wir Positives. Wenn ein Freund oder unser Partner uns einmal enttäuscht hat, vergessen wir, dass er uns aber vorher schon 100mal glücklich gemacht hat. Die Fokussierung nur auf das eine Negative erschwert dann die Kommunikation.

Einen Freund ohne Fehler oder Makel zu finden, kann nur misslingen. Jedes Individuum hat seine Makel und Fehler. Die eigenen Fehler nicht zu sehen, ist aber ein noch größerer Fehler als diese Fehler. Die Kunst liegt also darin, eine Person mit seinen Fehlern zu akzeptieren und zu lieben, so wie man selbst auch mit all seinen Fehlern akzeptiert und geliebt werden möchte.

Schließlich kommt es nicht darauf an, ob man fehlerlos ist, sondern wie man sich nach einem Fehler verhält. Sieht man seinen Fehler an, bereut es und will sich verändern oder überblendet man auf Grund des Egos seine eigenen Fehler?

Wie schon erwähnt, hat jeder Mensch in den allermeisten Fällen sehr viele gute Eigenschaften und nur wenige schlechte Eigenschaften. Nicht diese wenigen schlechten Eigenschaften, sondern die vielen guten Eigenschaften sollten daher im Vordergrund stehen. Nicht die trennenden Faktoren, sondern die Gemeinsamkeiten von Individuen sind für ein positives Empfinden ausschlaggebend.

Manchen Menschen haben sich daran gewöhnt, nur ihre schlechten Eigenschaften zu zeigen. Im Laufe der Zeit, sei es durch die Erziehung im frühen Kindesalter oder durch andere negative oder ungünstige Erfahrungen, haben sie ihre positiven Seiten verdrängt oder sind davon ausgegangen, dass sie nur dann überleben können oder akzeptiert werden, wenn sie ihre schlechten Seiten zeigen. In solchen Situationen ist es zwar schwierig und herausfordernd, aber erfolgsversprechend, die verdrängten positiven Seiten zu finden und diese so zu stimulieren, dass das Individuum die guten Ergebnisse seiner positiven Seiten wahrnimmt und somit motiviert wird, mehr davon zu zeigen. Diese guten Ergebnisse konnten bisher nicht wahrgenommen werden, weil man die positiven Seiten ja verdrängt oder für unnötig gehalten hat. Jeder Mensch hat aber diese positiven Seiten. Vor allem in der Erziehung aber auch in der Erwachsenenbildung ist die Suche nach diesen positiven Seiten erforderlich.

Die Macht des Vergebens

Wir möchten, dass uns andere vergeben. Aber wenn wir selbst anderen vergeben sollen, fällt uns das manchmal schwer. Gelegentlich entsteht sogar ein Konflikt zweier Parteien im Kopf. Die eine empfiehlt, zu vergeben und zu verzeihen, und die andere drängt auf Kampf und Rache.

Öfters haben wir es mit verletzten Gefühlen zu tun. Wir wurden enttäuscht und gekränkt. Fühlen uns vielleicht zu Unrecht behandelt. Vor allem wenn diese Gefühle durch Menschen, die man liebt, verursacht wurden, ist man umso verletzter.

Dabei erleichtert es, wenn man vergibt (Şahinöz, 2016, S. 106ff). Wenn aber Vergebung, Aussprache und Entschuldigungen ausbleiben, trägt man ständig Leid, Schmerz und Last bei sich. Diese Last wird irgendwann untragbar. Durch Vergebung lässt man diese Last endlich ab. Denn man muss die Wut und den Ärger nicht mehr mit sich tragen und kann das Geschehene endlich hinter sich lassen, in dem man damit abschließt. Dadurch kommt man mit der Vergangenheit ins Reine und kann gestörte Beziehungen wieder aufbauen.

Vergeben verbessert daher unsere Gesundheit, unser Glück, unsere Beziehungen und unser körperliches Wohlbefinden. Daher wirkt Vergeben befreiend und heilend.

Wenn man anderen etwas nachträgt, leidet man selbst am schwersten daran. Denn wenn man nicht vergibt, bindet man sich nicht nur an die Person, die uns Leid zugefügt hat, sondern auch an die Vergangenheit und kommt daher in der Gegenwart nicht weiter. Zu Vergeben ist daher auch eine Entscheidung für die Gegenwart, die Zukunft und das eigene Leben (vgl. Spannbauer, 2016).

Selbstverständlich ist Vergeben ein schwieriger und langer Weg. Denn Vergebung bedeutet, sich all seinen verletzten Gefühlen aus der Vergangenheit zu stellen und dann einen neuen Weg zu gehen. Die Bereitschaft, einen neuen Weg zu gehen und sich mit dem eigenen Schicksal auszusöhnen, ist nicht einfach. Doch am Ende wandeln sich schmerzhafte Gefühle und öffnen Raum für neue Erkenntnisse. Man wächst und reift menschlich daran (vgl. Spannbauer, 2016). Dies ist ein langwieriger Prozess und geschieht nicht von Heute auf Morgen.

Man sollte Vergebung auch nicht von Schuldeingeständnis des Anderen abhängig machen. Denn manchmal wartet man sein ganzes Leben auf dessen Bitte um Verzeihung und verliert dadurch viel Zeit und Energie. Solange wir unsere Vergebung von anderen abhängig machen, bleiben wir an genau den Menschen gekettet, die uns Schaden zufügten. Man übergibt ihnen dementsprechend den Schlüssel für den eigenen Heilungsprozess (vgl. Spannbauer, 2016).

Vielmehr ist es ratsam, das Gespräch mit dem zu suchen, der einen verletz hat und ihm die eigene Sicht der Dinge zu erzählen. Dabei sollte man nicht nur mitteilen, dass man verärgert ist, sondern auch warum und dem Gegenüber die Chance geben, es zu verändern. Auszusprechen, was man fühlt, ist ein wichtiger Schritt auf dem Heilungsweg. Dies sollte man jedoch nur tun, falls sowohl der Gegenüber dazu bereit ist, als auch man selbst. Falls ein Gespräch nicht möglich ist, kann man seine Gefühle auch aufs Papier niederschreiben. Ein Brief an den anderen kann entlasten. Man muss so einen Brief nicht einmal abschicken, sondern kann es für sich behalten. Auch das erleichtert schon. Entlastend kann es auch wirken, wenn man seine Geschichte und Gefühle einer nahen Person anvertraut. Wenn diese Verletzung von dieser Person bezeugt wird, wird es erträglicher (vgl. Spannbauer, 2016). Hilfe anzunehmen, entlastet also sehr.

Zudem liegt öfters die Verletzung lange Jahre zurück und man hat sogar die Tat selbst vielleicht fast fertig. Aber das Gefühl der Verletzung ist geblieben. Dabei haben sich sowohl der Verletzte und der Verletzende schon längst geändert und sind andere Menschen geworden. Der Verletzende bereut vielleicht sogar die Tat. Die Person, der wir dann nicht verzeihen, ist im Grunde nicht mehr die gleiche Person, die zur Verletzung geführt hat.

Zu Vergeben heißt keinesfalls, dass man gutheißt, was geschehen ist. Unrecht bleibt auch nach dem Vergeben Unrecht. Doch indem wir das Unveränderliche akzeptieren, können wir unsere Energie für das aufwenden, was wir tatsächlich verändern können, nämlich unsere Reaktion auf das Geschehene. Man kann zu einem tieferen Verständnis für die Gesamtsituation gelangen und damit den Grad der Verletzung verringern. Hierfür muss man jedoch auch die eigene Rolle und sich selbst ins Blickfeld nehmen. In dem man Verantwortung für den eigenen Anteil an der Situation übernimmt, erlebt man sich nicht mehr als ohnmächtig und es eröffnen sich neue Möglichkeiten, die Opferrolle verschwindet und man kann endlich handeln (vgl. Spannbauer, 2016).

Verletzte Gefühle führen oft zu einem eingeschränkten Blick auf den anderen. Wir tendieren dann schnell dazu, eine ganze Person mit dem gleichzusetzen, was geschehen ist. Um jedoch vergeben zu können, muss zwischen der Handlung und dem Handelnden unterschieden werden (vgl. Spannbauer, 2016). Die sachliche Ebene muss quasi von der persönlichen Ebene getrennt werden. Weil eine Verletzung öfters auf der persönlichen Ebene stattfindet, ist diese Trennung jedoch schwierig, trotzdem umso wichtiger.

Wenn man selbst Negatives von einer Person erlebt hat, ist es schwierig dieser Person gegenüber Gutes zu tun. Vielleicht denkt man sogar daran, sich irgendwann bei der nächsten Gelegenheit zu rächen. Oder man verfällt in ein Loch, in dem man sich alles gefallen lässt und dadurch noch gemobbt werden. Um solchen Zuständen entgegenzuwirken, kann es helfen, dem Negativen mit etwas Positiven zu begegnen, auch wenn dies einmal sehr schwerfällt. Negatives mit Negativem zu vergelten, schaukelt eine Situation nur hoch und lässt sie irgendwann eskalieren. Auf eine Aktion folgt eine Reaktion und immer so weiter. Negativem mit Positivem zu begegnen kann dazu führen, dass das Eis schmilzt und man sich von der Feindschaft Richtung Freundschaft zumindest bewegt.

Nicht die Stärkeren, sondern die Hilfsbereiten

Lange Zeit glaubte man, dass in der Natur die Stärkeren überleben und die Schwächeren sterben. Das wäre der selbstverständliche Gang der Natur. Dadurch holte man sich die Legitimation, Schwächere auszubeuten. Man sah sich im Recht, andere Kulturen, Ethnien oder Völker zu kolonisieren und zu versklaven. Denn aus der eigenen Sicht sah man sie nicht als weiterentwickelte Menschenrassen an. Dadurch wurde die Welt in einen Zoo verwandelt, wo hier die eine Kultur und da die andere Kultur getrennt voneinander mit Grenzen lebt.

Neure Forschungen (Henschel, 2005, S. 28, 34) zeigen uns jedoch, dass nicht die Stärkeren, sondern die Hilfsbereiten überlegen. Die Tiere, die anderen gegenüber Hilfsbereit sind, sind glücklicher und leben länger. Diejenigen, die andere angreifen, sind ständig im Dauerkampf, welches sie mental kaputt macht.

- Vampirfledermäuse kennen Mitgefühl. Sie spenden Blut für hungernde Genossen.

- Pottwale opfern sich für andere. Mit ihren kolossalen Leibern verteidigen sie die Kälber gegen Angriffe von Haien.

- Eisbären trauern. Eine Mutter harrt lange neben ihrem toten Jungen aus.

- Pferde schließen Freundschaft. In der Nähe ihres Partners fühlen sie sich wohl.

- Mitfühlende Elefanten, die kein verletztes Herdenmitglied im Stich lassen. Mit ihren Leibern und Stoßzähnen versuche sie, es zu stützen. Stirbt es dennoch, schleppen sie Zweige herbei und decken den Kadaver damit zu. Schwer fällt den Dickhäutern die endgültige Trennung. Noch Tage und Wochen später kehren Einzelne an die Stätte des Todes zurück und betasten, was von ihrem Artgenossen übriggeblieben ist.

- Eisvögel mit Gemeinsinn, in deren Brutgemeinschaft Helfen zum Sozialverhalten gehört. Sie nehmen nicht verwandte Artgenossen in ihre Gruppe auf, die auf Nachwuchs verzichten und dafür fremde Schnäbel füttern. Vergolten werden den Au-pairs ihre Taten, wenn sie später selbst brüten. Dann übernehmen ihre flüggen Ziehkinder den Dienst am Nest.

- Solidarische Beutegreifer, die sich bei der gemeinsamen Jagd mit verteilten Rollen auf die Artgenossen verlassen. Und erst recht, wenn die Beute erlegt ist. Sie gehört nicht dem allein, der den Tötungsbiss ausgeführt hat. Gibt er nichts ab, muss er künftig allein jagen. Das aber heißt: mehr Mühe, mehr Fehlschläge, mehr Hunger für Löwen, Hyänen, Wildhunde.

- Freundschaft zwischen Huftieren, die in der Wildnis oder auf der Weide fast alles gemeinsam machen. Schafe schmiegen zum Beispiel ihre Wange an die des trostbedürftigen Freundes, der bei einem Gerangel den Kürzeren gezogen hat.

Somit kann nicht behauptet werden, dass das Leben unter den Tieren ein fortwährender, brutaler Kampf wäre, in dem der Stärkere überlebt. Offensichtlich sind es die Hilfsbereiten, die überleben.

Der Mensch hat diese Hilfsbereitschaft für sich noch nicht wirklich entdeckt und umgesetzt. Die Erkenntnis, dass Teilen glücklich macht, ist noch nicht überall angekommen.

Daher wird leider das Leben weiterhin als ein Kampf oder eine Last gesehen. In einer Ellenbogengesellschaft sind alle ständig in einem Wettkampf und der Stärkere setzt sich mit allen Mitteln durch.

Dabei sollte man das Leben nicht als Kampf, Last oder Wettbewerb empfinden, sondern als ein Segen.

Oftmals geht es leider in Diskussion nicht um Recht oder Wahrheitsfindung, sondern darum, sein eigenes Ego aufrechtzuerhalten.

Aber irgendwann im Leben, wenn man Weisheit und eine gewisse Reife erlangt hat, wird man einsehen, dass die meisten Kämpfe, Streitereien und Diskussionen, die man führt, sinnlos sind. Man muss nicht immer recht haben oder gewinnen. Vor allem bei Ehekonflikten spielt es keine Rolle, wer Recht hat oder wer angefangen hat. In den allermeisten Fällen hat man sogar überhaupt nichts davon, wenn man in einer sinnlosen Diskussion recht hat oder die Bestätigung des Gegenübers erzwingt, dass man selbst recht hat. Der Schauspieler Keanu Reaves sagte einmal: „Ich bin in einem Stadium meines Lebens angelangt, in dem ich mich von Streitereien fernhalte. Auch wenn du sagst, dass 1+1=5 ist, hast du absolut recht. Viel Spaß.“

Um auf den Genuss der Hilfsbereitschaft zu kommen, kann man dies im Alltag austesten. Wie bei einem Schmetterlingseffekt, wird jede Hilfsbereitschaft, die wir anderen gegenüber zeigen, dazu führen, dass wir uns besser fühlen. Durch unsere positive Einstellung wird uns dann im Gegenzug ebenfalls Hilfsbereitschaft entgegengebracht.

Misskommunikation

Watzlawick ging davon aus, dass man nicht nicht kommunizieren kann. In der "Geschichte mit dem Hammer" beschrieb er dies eindrucksvoll: „Ein Mann will ein Bild aufhängen. Den Nagel hat er, nicht aber den Hammer. Der Nachbar hat einen. Also beschließt unser Mann, hinüberzugehen und ihn auszuborgen. Doch da kommt ihm ein Zweifel: 'Was, wenn der Nachbar mir den Hammer nicht leihen will? Gestern schon grüßte er mich nur so flüchtig. Vielleicht war er in Eile. Aber vielleicht war die Eile nur vorgeschützt, und er hat etwas gegen mich. Und was? Ich habe ihm nichts angetan; der bildet sich da etwas ein. Wenn jemand von mir ein Werkzeug borgen wollte, ich gäbe es ihm sofort. Und warum er nicht? Wie kann man einem Mitmenschen einen so einfachen Gefallen abschlagen? Leute wie dieser Kerl vergiften einem das Leben. Und da bildet er sich noch ein, ich sei auf ihn angewiesen. Bloß weil er einen Hammer hat. Jetzt reicht's mir wirklich'. Und so stürmt er hinüber, läutet, der Nachbar öffnet, doch bevor er 'Guten Tag' sagen kann, schreit ihn unser Mann an: 'Behalten Sie sich

112

Ihren Hammer, Sie Rüpel!'" (2006, S. 40ff). Jedes Verhalten ist daher eine Kommunikation. Ein Gegenteil von Verhalten gibt es nicht.

Der Soziologe Niklas Luhmann beschrieb daher alles als eine Kommunikation. Dabei hat jede Kommunikation und Nachricht einen Mitteilungscharakter. Laut Rumi kommt es dann nicht darauf an, was man selbst sagt oder sagen wollte, sondern, was der Gegenüber von der Mitteilung versteht. Es ist also ausschlaggebend, was der Gegenüber (der Empfänger der Nachricht) von der Botschaft versteht und wie er sie interpretiert. Erfahrungen, Erinnerungen und Denkweisen führen dazu, wie wir eine Botschaft verstehen.

Demnach ist Kommunikation laut gängiger Definition ein Prozess, innerhalb dessen ein Kommunikator (Sender) eine Botschaft, welche in sprachliche oder nicht-sprachliche Zeichen verschlüsselt wird, über spezifische Kommunikationskanäle an einen Kommunikanten (Empfänger) sendet, der diese Botschaft entschlüsselt.

Laut Schulz von Thun (1981) hat jede Nachricht vier Seiten: Sachinhalt, Selbstoffenbarung, Beziehungshinweis und Appell. Jede Seite sagt etwas aus:
- Sachinhalt: Informationen über einen Tatbestand
- Selbstoffenbarung: Was ich von mir kundgebe
- Beziehungshinweis: Was ich von dir halte und wie wir zueinanderstehen
- Appell: Einflussnahme auf den Empfänger

Dass bedeutet, Nachrichten enthalten viele verschiedene Botschaften gleichzeitig. Manche Botschaften sind direkt, manche indirekt zu verstehen.

Daher kann es sein, dass eine Nachricht "missverstanden", bzw. vom Empfänger anders entschlüsselt und dekodiert wird, als es sich der Sender dachte.

Angenommen ein Ehepaar sitzt gemeinsamen beim Mittagsessen. Der Ehemann fragt: „Was ist das Grüne in der Soße?". Daraufhin entgegnet die Ehefrau, die das Essen gekocht hat: „Wenn es dir nicht schmeckt, kannst du ja woanders essen gehen!" Was ist hier passiert?

Wenn wir das Vier-Seiten-Modell von Schulz von Thun anwenden, kommen wir dabei auf folgendes Ergebnis:

- Sachinhalt:
Ehemann sagt: Da ist was Grünes.
Ehefrau versteht: Da ist was Grünes.

- Selbstoffenbarung:
Ehemann sagt: Ich weiß nicht, was das Grüne ist.
Ehefrau versteht: Mir schmeckt das Essen, dass du gekocht hast, nicht.

- Beziehungshinweis:
Ehemann sagt: Du bist die Köchin, du wirst wissen, was das Grüne ist.
Ehefrau versteht: Du bist eine miese Köchin!

- Appell:
Ehemann sagt: Sag mir, was das Grüne ist!

Ehefrau versteht: Lass nächstes Mal das Grüne weg!

Während also auf der Inhaltsebene selten Missverständnisse entstehen, entstehen auf den anderen Seiten der Nachricht auf Grund von Interpretationen, Erfahrungen und Annahmen Kommunikationsprobleme.

Daher ist eine Aussage wie „Ich habe dich verstanden!" immer fragwürdig, da nicht klar ist, ob auch in allen Ebenen das verstanden wurde, was der Empfänger wirklich ausdrücken wollte.

Eine gesunde Kommunikation ist aber notwendig, damit zwischenmenschliche Beziehungen gut funktionieren können. Die Entschlüsselung einer Nachricht kann umso richtiger sein, je besser sich die Kommunikationspartner kennen und sich daher denken können, was auf den vier Seiten tatsächlich gemeint ist.

Daher sollte man sich bei einer Misskommunikation nicht aufregen, sondern erst einmal schauen, ob der Gegenüber etwas wirklich so meinte oder ob man das Gesagte selbst einfach falsch interpretiert hat. Und wenn man selbst in der Situation ist, dass man falsch verstanden wurde, kann man schauen, ob man sensibel genug war oder bestimmte Wörter verwendet hat, deren Inhalt beim Gegenüber andere Reaktionen hervorrufen, als bei einem selbst.

Denn Wörter haben eine Macht. Sobald sie unseren Mund verlassen haben, machen sie etwas im Kopf des Gegenübers. Wie schon erwähnt, kommt es daher nicht darauf an, was wir sagen, sondern was unserer Gegenüber davon versteht. Dies hängt auch oft damit zusammen, wie wir etwas sagen.

Immer die Wahrheit zu sagen, ist eine wichtige Tugend. Aber jede Wahrheit überall und jedem zu sagen, kann zu Missverständnissen führen, wenn der Gegenüber diese Information nicht verarbeiten kann oder noch nicht bereit dafür ist.

Trotz dessen sollte man selbstverständlich nicht Lügen. Denn Lügen belasten den Lügenden dauerhaft. Der Lügner muss sich nämlich immer merken, welche Lüge er gerade wem erzählt hat. Während der, der die Wahrheit erzählt, sich nur die Wahrheit merken muss. Die Wahrheit ist also befreiend von einer Last oder einem Druck, wenn man z.B. lange Zeit mit einer Lüge leben musste und die Wahrheit nicht aussprechen konnte. Daher ist es immer besser und von Vorteil, die Wahrheit zu sagen, auch wenn man mit Konsequenzen rechnen muss.

Auch die Körpersprache nimmt einen großen Anteil an der Kommunikation ein. Sie ist eine unverfälschte Sprache und sendet öfters viel mehr Botschaften als die gesprochene Sprache. Aus der richtigen Deutung der Körpersprache kann man verstehen, in welcher emotionalen Verfassung sich der Gesprächspartner gerade befindet. Das Zusammenspiel von Mimik, Gestik und Stimme sind hier entscheidend. Diese werden in den ersten Sekunden einer Begegnung unbewusst wahrgenommen. So konnten Mehrabian und Ferris (1967) in Untersuchungen feststellen, dass der Inhalt des Gesagten 7%, Stimme und Sprechtechnik 38% und die Körpersprache 55% der Wirkung einer gesprochenen

Botschaft ausmachen (Bruno, Adamczyk, 2004, S. 8ff). Wenn man die Körpersprache seines Gegenübers richtig deutet, kann man besser verstehen, was der Gegenüber meint und in welcher Situation sich dieser befindet. Dementsprechend gibt man keine vorgefertigten Antworten, sondern "bedarfsorientiert" je nach Situation des Gegenübers.

Stimme und Sprechtechnik nehmen ebenfalls einen hohen Anteil an dem Gesagten ein. Der Tonfall ist wichtig in der Kommunikation. Die Kunst ist es, den richtigen Tonfall zu treffen. Auch die Sprachmelodie und die Betonung sind wichtige Faktoren für die Interpretation des Gesagten. Am Tonfall und an der Sprechweise kann sogar die kulturelle und soziale Herkunft eines Menschen erkannt werden (Bruno, Adamczyk, 2004, S. 45ff). Manchmal kann man durch den Tonfall das Gesagte verstehen, ohne dass man die Sprache versteht. In der Musik gibt es z.B. Stimmen, die die Herzen berühren, ohne dass man die Sprache und damit den Inhalt der Musik versteht.

Eine positive Körpersprache während man kommuniziert führt ebenfalls dazu, dass man Missverständnissen vorbeugen kann. Wenn man sich z.B. während des Sprechens stets mit dem ganzen Körper seinem Gesprächspartner zuwendet und ihm ins Gesicht schaut, ist dies respektvoll dem Sprechenden gegenüber. Man signalisiert ihm, dass man ihn ernst nimmt und ihm aufrichtig zuhört.

Wenn man nicht missverstanden werden möchte, muss man auch darauf achten, wie man eine Botschaft rüberbringt. Denn der Schlüssel zur effektiven

Überzeugung liegt nicht nur in der eigentlichen Botschaft, sondern auch in dem, was unmittelbar vor dieser Botschaft geschieht (vgl. Cialdini, 2016). Was wir also direkt vor einer Botschaft wahrnehmen, beeinflusst, wie wir diese Botschaft aufnehmen. Indem man die Aufmerksamkeit auf bestimmte Informationen lenkt, kann man beeinflussen, was für das Publikum relevant und überzeugend erscheint.

So kann man durch die Schaffung assoziativer Hinweise jemanden in einen bestimmten mentalen Zustand versetzen, der ihn empfänglicher für eine bestimmte Botschaft macht. Dabei spielen das Timing und die Reihenfolge von Informationen eine wichtige Rolle bei dem Überzeugungspotenzial einer Botschaft, z.B. kann das Teilen eines scheinbaren Geheimnisses eine Bindung schaffen und das Vertrauen in den Kommunikator erhöhen.

Menschen bilden oft einen ersten Eindruck basierend auf vorherigen Erfahrungen oder Hinweisen, und dieser Eindruck kann die Interpretation folgender Informationen und Botschaften beeinflussen. Die physische und soziale Umgebung kann die Wahrnehmung und das Verhalten von Menschen beeinflussen, was wiederum ihre Anfälligkeit für Überzeugungen beeinflussen kann. Man kann dies an sich selbst beobachten: Je nach dem, was wir anziehen, verhalten wir uns auch anders.

Daher ist es wichtig, die richtigen Bedingungen zu schaffen, bevor die eigentliche Botschaft übermittelt wird. Es geht darum, den Empfänger in einen Zustand der "Bereitschaft" zu versetzen (vgl. Cialdini, 2016), so dass dieser empfänglicher für die Botschaft wird.

Alles ist eine Wahl – die Absicht zählt

Im Leben treffen wir ständig Entscheidungen. Wir entscheiden uns für Option A oder B, gehen diesen oder jenen Weg. Ständig entscheiden wir uns. Manchmal sind es große Entscheidungen, manchmal kleine, es sind jedoch immer Entscheidungen, die wir treffen.

Die kleinen Entscheidungen im Alltag fallen uns gar nicht auf. Gehe ich diesen Weg oder den anderen Weg, tue ich Gutes oder nicht, sage ich „Hallo" oder nicht, wie schreibe ich den nächsten Satz in diesem Buch, mit welcher Stimme im Kopf lese ich das hier Geschriebene? Bewusst oder unbewusst treffen wir eine Wahl.

Sich zu entscheiden heißt aber, auch mit den Konsequenzen zu leben. Man ist verantwortlich für die Entscheidungen, die man getroffen hat. Dieses Bewusstsein kann dazu führen, dass man seine Entscheidungen bewusst, konsequent und effektiv trifft.

Es gibt keine unendlichen Paralleluniversen, in der die verschiedenen unendlichen Entscheidungen durchgespielt werden. Entscheidend ist nur das Hier und Jetzt.

Unsere Entscheidungen bestimmen unser Schicksal, nicht umgekehrt. Wir sind nicht Gefangen in einer Prädestination oder absoluten Vorherbestimmung.

Wir treffen Entscheidungen, ohne in dem Moment zu wissen, ob sie gut oder schlecht für uns sind. Wir vertrauen auf Informationen, die wir in diesem Moment haben. Dass bedeutet, in dem Moment der Entscheidung können wir ein verzerrtes Bild der Realität haben, müssen uns aber entscheiden.

Es kommt aber nicht nur darauf an, für was man sich entscheidet oder was getan wird, sondern auch warum etwas getan wird.

Ein Mensch, der spendet, um anderen Menschen zu helfen, ist ein ehrenwerter Mensch. Ein Mensch jedoch, der nur spendet, um an Ansehen zugewinnen, handelt recht egoistisch.

Dass bedeutet, die Absicht ist entscheidend, wie eine Tat bewertet wird. Das gilt übrigens auch vor Gericht.

Während wir eine Entscheidung für Etwas treffen, treffen wir gleichzeitig auch eine Entscheidung gegen etwas (vgl. Heidenreich, 2022, S. 25). Wir filtern also. Dies ist eine effektive Vorgehensweise, denn wer alles schaffen will, schafft gar nichts. Daher sollte man sich selbst vertrauen, dass man eine gute Entscheidung treffen wird. Dies wird nicht immer die beste Entscheidung sein, aber trotzdem eine gute Entscheidung.

Viel Schlimmer ist die Unentschlossenheit. Denken wir nur an die Eselgeschichte des Philosophen Buridan: Ein Esel steht zwischen zwei gleich großen und gleich weit entfernten Heuhaufen. Da er sich nicht entscheiden kann, welchen er zuerst fressen soll, verhungert er schließlich.

Unentschlossenheit, sich nicht zu entscheiden, keine Ziele zu haben, führt dazu, dass wir unglücklicher werden. Wir sitzen quasi im Auto und steuern ziellos umher. Diese Ziellosigkeit kann depressiv machen. Hat sich der Mensch aber einmal für ein Ziel entschieden, fühlt man sich lockerer. Zu Entscheiden erleichtert und nimmt eine Last ab.

Die meisten Ereignisse und Entscheidungen haben sowohl positive als auch negative Seiten. Trotzdem führt eine Entscheidung dazu, dass wir für uns innerlich die getroffene Entscheidung verteidigen und somit die damit verknüpfte Handlung leichter fällt.

Studien von Tali Sharot zeigen, dass, wenn wir uns zwischen zwei Sachen entscheiden müssen oder, wenn wir eine Sache der Anderen vorziehen, wir uns dann später für das, wofür wir uns entschieden haben, umso mehr freuen und logischerweise meinen, die richtige Entscheidung getroffen zu haben. Wenn wir also eine Entscheidung getroffen haben, verändert sich schließlich auch unsere Einschätzung. Man nimmt dann eine Handlung positiver wahr, wenn man sich selbst dafür entschieden hat, z.B.

schätz man dann eine zurückgelegte Strecke kürzer ein, als sie tatsächlich war. Somit wird eine unangenehme Aufgabe, eine unangenehme Entscheidung, weniger unangenehm, wenn man sich selbst dafür entschieden hat (Sharot, 2014, S. 179ff, 241). Daher mag es der Mensch auch nicht, wenn ihm eine Sache aufgedrängt wird, auch wenn diese Sache eigentlich positiv und zu seinem Nutzen ist. Eine Entscheidung sollte also auf freiwilliger Basis erfolgen.

Flexibilität

Der Kampfkünstler Bruce Lee sagte einmal: „Leere deinen Geist, sei formlos, ohne Gestalt, wie Wasser. Wenn du Wasser in eine Tasse gibst, wird es zur Tasse. Füllst du Wasser in eine Flasche, wird es zur Flasche. Wenn du es in eine Teekanne gibst, dann wird es zur Teekanne. Wasser kann ruhig fließen oder es kann zerstören. Sei Wasser, mein Freund."

Sturheit führt oft dazu, dass man eingeengt ist. Man steht ständig unter Druck und kommt aus Teufelskreisen nicht heraus.

Flexibilität jedoch eröffnet neue Türen. Es ermöglicht neue Optionen. So wertvoll Ordnung und Planungssicherheit sind, ist der Alltag nicht komplett planbar. Immer passieren Dinge, die man nicht vorhersehen oder planen konnte. Daher ist es immer von Vorteil, eine gewisse Flexibilität von vornherein einzuplanen.

Flexibilität ermöglicht uns, auf Veränderungen und Herausforderungen schnell und effektiv zu reagieren. In dem man seine Denkweise und sein Verhalten entsprechend verändert, kann man sich an neue Situationen anpassen und sich schnell auf Veränderungen einstellen. So lernt man dann auch neue Fähigkeiten dazu oder kann seine verborgenen, nicht genutzten Talente aktivieren.

Zudem wird durch Flexibilität Stress reduziert, weil man dadurch viel effektiver mit Herausforderungen umgehen kann. Es eröffnen sich alternative Lösungen für die Herausforderungen, die einem Stress bereiten könnten. Da man nach alternativen Wegen sucht, um Ziele zu erreichen, fördert die Flexibilität auch die Kreativität.

Auch die zwischenmenschlichen Beziehungen verbessern sich, wenn man flexibel ist. So ist man dann in der Lage sich besser auf andere einzustellen.

Sich auf Flexibilität einzulassen, kann manchmal schwierig erscheinen. Doch auch dies kann mit der Zeit antrainiert werden, so dass es irgendwann normal wird, flexibel zu sein.

Hauptdarsteller im eigenen Leben

Jeder Mensch ist der der Hauptdarsteller im eigenen Leben. Jeder steht im Mittelpunkt des eigenen Lebens. Das Filmszenario ist für jeden unterschiedlich (Şahinöz, 2020, S. 205). In den Szenarien unserer Mitmenschen nehmen wir nur Nebenrollen ein, mal wichtige, mal unwichtige Rollen.

In der Hauptrolle seines eigenen Films sollte man auch bleiben. Das gelingt jedoch nur, wenn man so ist, wie man ist und nicht vorgibt, ein anderer zu sein. Man sollte nicht versuchen, die Kopie von einem anderen zu werden, dafür ist man viel zu wertvoll. Jeder ist in seiner eigenen Hauptrolle wichtig, daher sollte man immer im Originalen bleiben. Schließlich ist jeder Mensch einzigartig.

Den größten Kampf führt man aber mit sich selbst. In dem man glaubt, dass man nicht gut genug ist, schränkt man sich selbst ein. Man glaubt dann, dass andere über einen genauso denken, wie man selbst über sich denkt. Und

125

wenn man über sich negativ denkt, glaubt man, dass auch andere negativ über einen denken. Wenn man sich selbst nicht wertschätzt, glaubt man, dass auch andere einen nicht wertschätzen. So findet man ständig "Beweise" und "Anhaltspunkte", dass man nicht wertgeschätzt wird, weil man sich selbst nicht wertschätzt. Durch diese vermeintlichen Anhaltspunkte fühlt man sich bestätigt, also schätzt man sich selbst noch weniger wert.

Wer sich selbst nicht vertraut, an sich selbst nicht glaubt, geht davon aus, dass auch andere ihm nichts zutrauen. Daher versucht man ständig sich zu beweisen und alle glücklich machen. Das ist anstrengend und macht unzufrieden, da man den Zustand, alle glücklich zu machen, niemals erreichen wird. In diesem Teufelskreis sinken das Selbstbewusstsein und das Selbstwertgefühl immer tiefer runter.

Um aus diesem Teufelskreis zu entfliehen, sollte man nicht versuchen, erst andere zu beeindrucken und darauf ein Selbstbewusstsein aufzubauen. Denn auch das wird nicht gelingen.

Vielmehr sollte man Zufriedenheit mit sich selbst entwickeln. Dies gelingt, in dem man schaut, welche positiven Aspekte man selbst hat. Die Konzentration auf diese positiven Seiten führt dazu, dass man anfängt, sich selbst wertzuschätzen.

Wenn die Zufriedenheit mit sich selbst da ist, wird die Anerkennung, Wertschätzung und Akzeptanz durch andere von alleine kommen. Doch man sollte nicht nach diesen Trachten, denn Applaus macht nicht glücklich. Im

Gegenteil, ständig nach Applaus und Anerkennung zu suchen, macht noch unglücklicher. Wer zufrieden ist mit sich selbst, braucht die Anerkennung anderer nicht.

Manchmal ist man so sehr in einer ungewollten Rolle verhaftet, dass man nicht mehr rauskommt. Ein Klassenclown möchte vielleicht gar nicht der Klassenclown sein. Er ist aber in dieser Rolle von allen akzeptiert, also nimmt er diese Identität an und behält die Rolle aufrecht, weil das die einzige Form für ihn ist, zu kommunizieren und akzeptiert zu werden. Dies führt dazu, dass bestimmte ungewollte Rollen in uns verwurzeln. Wir müssen dann ständig den Clown, den Mächtigen, den Brutalen, den Hartnäckigen, den Intelligenten oder den Nichtsanbrennenden spielen.

So zeigen auch Versuche (Sharot, 2014, S. 24), dass wir unbewusst verbale Erklärungen für Vorlieben und Absichten, die uns manipulativ zugeschrieben wurden, die wir aber eigentlich gar nicht haben, entwickeln können.

Das ganze Leben besteht aus der Suche nach sich selbst. Beim Job versuchen wir unsere Berufung zu finden. In der Familie suchen wir Bestätigung. Wir versuchen ständig unsere Identität zu verfestigen. Dies gelingt jedoch nur dann, wenn wir essenzielle Fragen nach dem Sinn, wie z.B. wer wird sind, woher wir kommen und wohin wir gehen (vgl. Şahinöz, 2018), beantworten können. Erst mit Beantwortung dieser Fragen, die sich jeder Mensch irgendwann im Leben stellt, kann man langfristig und nachhaltig sich selbst finden, eine stabile Identität aufbauen und zufrieden mit sich selbst sein.

Eine feste Identität führt zudem dazu, dass man auch anderen Menschen mit Toleranz begegnet. Wer im Eigenen einen stabilen Rückhalt hat und eigene Zweifel überwinden konnte, kann auch andere Meinungen akzeptieren. Wer mit sich selbst nicht im Reinen ist oder Zweifel hat, überträgt dieses Verhalten meistens auch auf andere.

Bescheidenheit anstelle von Egoismus

Hauptdarsteller im eigenen Film zu sein, heißt aber nicht, ein Ego zu entwickeln und andere Nebenrollen nicht zu beachten. Ein guter Darsteller harmoniert mit seinen Kollegen.

Genauso ist es früchtebringender mit anderen Darstellern gemeinsam ein Leben zu verbringen. Wenn man sich anderen zuwendet, altruistisch, selbstlos und uneigennützig ist, fühlt man sich viel gelassener.

Die Beschränkung auf das eigene Ego jedoch führt zu einem ständigen Machtkampf. Sie bringt einen nicht weiter. Man ist allein gelassen und hat ständig Misstrauen gegen andere. Das eigene Ego ist wie eine Taschenlampe. In der Nacht erhellt es nur begrenzt. In der Finsternis braucht man jedoch eine große Beleuchtung.

Diese große Beleuchtung ist die Bescheidenheit. Wer sich nicht so ernst und total wichtig nimmt, ist viel entspannter und kann auch mal über sich selbst lachen.

Letztendlich ist der Mensch ein schwaches Wesen. Jedes Ereignis kann ihn erschüttern. Dadurch fühlt er sich öfters ohnmächtig. Er ist in seiner Bedürftigkeit voller Wünsche, aber sein Arm ist zu kurz, sein Leben zu begrenzt. Hierin liegen Ohnmacht und Ungeduld. Trägheit und Schlappheit sind seine Eigenschaften. So wird das Leben eine schwere Bürde.

Die Erkenntnis dieser Schwäche macht den Menschen aber noch größer als er ist. In dem er seine eigene Schwäche offenbart und sein Ego besiegt, gewinnt er an Bedeutung. Das Leben wird viel bewältbarer und angenehmer. Er muss nicht der He-Man in jeder Situation sein, sondern kann auch mal mit Niederlagen umgehen. Denn diese werden dann nicht mehr als große Schwäche, die das Ego ankratzen, angesehen, sondern als normaler Gang des Lebens.

Wer muss sich ändern?

Es ist ein weit verbreiteter Irrglaube, dass das eigene Leben leichter wird, wenn sich unser Gegenüber verändert. Wir wünschen uns, dass unser Partner freundlicher, rücksichtsvoller oder weniger streitsüchtig wird. Wir wünschen uns, dass unsere Eltern toleranter, weniger kontrollierend oder weniger fordernd werden. Wir wünschen uns, dass unsere Kinder hilfsbereiter oder selbstständiger werden.

Doch die Realität ist, dass wir in den meisten Fällen unser Gegenüber nicht ändern können. Aber wir können uns selbst ändern. Wenn wir uns selbst verändern, verändert sich auch unsere Wahrnehmung der Welt und damit auch unsere Beziehung zu unserem Gegenüber.

Wenn wir zum Beispiel lernen, unsere Partner mit mehr Verständnis und Toleranz zu begegnen, werden wir auch weniger gereizt und frustriert sein, wenn sie etwas tun, was uns nicht gefällt.

Wenn wir lernen, unseren Eltern mit mehr Respekt und Eigenständigkeit zu begegnen, werden wir auch weniger abhängig von ihnen sein und mehr Selbstvertrauen haben.

Wenn wir lernen, unseren Kindern mit mehr Geduld und Verständnis zu begegnen, werden wir auch weniger fordernd sein und mehr Vertrauen in ihre Fähigkeiten haben.

Natürlich ist es nicht immer einfach, sich selbst zu ändern. Es erfordert Mut, Offenheit und Bereitschaft, sich auf neue Wege einzulassen. Doch wenn wir es schaffen, uns selbst zu verändern, wird sich unser Leben auch verändern. Es wird leichter, schöner und erfüllender.

Veränderungen

Einstein sagte einmal, „Die Definition von Wahnsinn ist, immer das Gleiche zu tun und andere Ergebnisse zu erwarten."

Während wir darauf warten, bis sich unser Schicksal ändert, wartet vielleicht das Schicksal darauf, bis wir uns endlich verändern.

Man sollte daher nicht alles als unabänderlich hinnehmen und sich damit abfinden, sondern Wege suchen, es zu verändern.

Bei Veränderungen sind natürlich Geduld und Ausdauer wichtig. Denn Veränderungen brauchen Zeit. Das kann jeder von uns bestätigen. Wenn wir einmal versuchen, einen noch so kleinen Tick zu verändern, brauchen wir viel Zeit. Denn der Tick ist vielleicht zwar klein, aber er sitzt tief verwurzelt in uns fest.

Je früher sich bei uns eine Eigenschaft, ein Denkmuster, gebildet hat, desto schwieriger wird es, diese zu verändern. Aber dennoch: Veränderungen sind möglich.

Man muss jedoch bestimmte Voraussetzungen schaffen, Barrieren, die eine Veränderung verhindern, minimieren (vgl. Achor, 2010, S. 136), und einen Veränderungsprozess einhalten.

Dieser Veränderungsprozess ist gekennzeichnet vom folgenden Weg:

1. Akzeptanz
Die Wahrnehmung und das Bewusstsein müssen gestärkt werden, um etwas oder sich selbst realitätsnah einschätzen zu können. Nur so kann man akzeptieren, dass etwas da ist, was verändert werden sollte.

Dabei muss man auch den Mut haben, sich selbst so zu sehen, wie man wirklich ist, um herauszufinden, was nicht richtig läuft (Hill, 2020, S. 273). Eine Analyse der eigenen Schwächen ist also unabdingbar.

2. Wille
Akzeptanz alleine reicht aber nicht aus. Man muss die Veränderung auch wirklich wollen. Ohne Zwang durch externe Personen. Hierzu muss man den eigenen Willen wecken und ständig wachhalten.

Manchmal möchte man nämlich seinen langaufgebauten "Standard", mit all seinen positiven und negativen Seiten nicht verändern, weil es der Person Sicherheit, Schutz und Stabilität bringt (Kahneman, 2016, S. 731ff). Man hat gelernt, in diesem Standard zu leben, sogar, wenn man darunter leidet. Bei einer Veränderung weißt man nicht, in welchem neuen Zustand man sein wird. Und ob dieser neue Zustand einem gefallen wird oder nicht. Man muss sich von neu einordnen und eine neue Stabilität erzeugen. Schon der Gedanke daran führt bei vielen dazu, dass man sich dann eben nicht verändern will. Die Kosten und möglichen Verluste für eine Veränderung sind dann höher als das Leiden in der momentanen Situation.

3. Glaube

Viele Menschen akzeptieren eine Sachlage, wollen sich verändern, glauben aber nicht daran, dass sie sich verändern können. Daher ist es der nächste Schritt, daran zu glauben, dass man sich auch tatsächlich verändern kann.

In der Tat im Wesen des Menschen die Fähigkeit, sich zu verändern. Diese Fähigkeit muss man jedoch aktiv nutzen.

4. Handlung

Auch Glaube an eine Veränderung reicht alleine nicht aus. Man muss auch die notwendigen Schritte für diese Veränderung einleiten. Manchmal erfüllt man seine Träume nicht, weil man denkt, der Weg dahin wäre versperrt. Man steht dann einfach nur da und wartet vergebens, bis der Weg, der vielleicht gar nicht versperrt ist, sich öffnet. Daher muss man diesen Weg der Veränderung auch wagen und nachschauen, ob eine Tür tatsächlich verschlossen und nicht aufzukriegen ist, was sie in den allermeisten Fällen nicht ist. Wissen muss also in konkrete Handlungen umgesetzt werden.

In all diesen Schritten ist eins der wichtigsten Medikamente die Motivation. Nicht nur die eigene Motivation, sondern in bestimmten Situationen und Fällen auch die Motivation anderer Personen, die uns vielleicht in diesem Veränderungsprozess begleiten können. Je mehr wir solche Personen involvieren, desto schneller erreichen wir ein Ziel. Man agiert dann nicht mehr als Einzelspieler, sondern als Team.

Motivation ist ein Ausdruck der Liebe. Kraft für Veränderungen kommt durch diese Liebe. Wer das Ziel nicht hat, sich so zu verändern, dass er einen besseren Zustand, also einen Zustand, in dem er sich besser liebt, erreicht, wird sich schwer verändern können.

Manchmal entsteht die Motivation auch erst nach der Handlung. Manchmal muss man sich erst für eine bestimmte Handlung zwingen, um zu sehen, dass dies guttut.

Dabei sind es die kleinen Schritte und die kleinen Veränderungen, die Großes bewirken. Jede Veränderung beginnt mit kleinen Schritten. Mit Gewohnheiten, Routinen und Zwischenzielen lassen sich Ziele viel leichter erreichen (vgl. Clear, 2020)

Mit positiven anstatt negativen Denkgewohnheiten kann man einer Veränderung Dauerhaftigkeit verleihen. Hierzu muss man aber erst negative Denkmuster durchbrechen und in positive umwandeln.

Jedes Problem wird lösbar, wenn man es in Stücke zerlegt und zu einem kleinen Problem macht. Wenn ein Schüler die Schule "hasst", kann man schauen, was genau gehasst wird. Das Gebäude? Die Klasse? Bestimmte Fächer? Die Sitzreihe? Der Sitznachbar? Ein bestimmter Lehrer? Wenn das Problem groß ist, erscheint es auch schwierig, dagegen vorzugehen. Man verliert die Motivation. Wird das Problem genauer betrachtet, schrumpft es und wird lösbar.

Manchmal wirkt uns ein Problem auch größer als es ist. Z.B. empfinden wir nachts beim Schlafengehen auch die kleinsten Probleme als große Probleme, u.a. weil Serotonin fehlt. Wenn wir dann morgens aufstehen, verstehen wir dann selbst nicht, warum wir uns wegen so einem kleinen Problem den Kopf zerbrochen haben.

Damit die Veränderung aber langfristig bleibt, ist es nicht nur wichtig, eine bestimmte Handlung zu vermeiden, sondern sie auch mit einer anderen Handlung zu ersetzen. Meistens sind es bestimmte Gefühle, die uns zu bestimmten Handlungen führen, so ist das z.B. auch bei Süchten. Wenn wir die Sucht selbst loswerden wollen, müssen wir aber auch eine andere Beschäftigung finden, die die Gefühle, die zum Suchtverhalten führten oder durch sie gesättigt werden, stillt. Wenn wir das Universum betrachten, sehen wir, dass kein Platz für eine Lücke besteht. Jede Lücke wird mit etwas gefüllt. Dies gilt auch für unser Dasein. Ein Verhalten muss mit einem anderen Verhalten ersetzt werden, sonst entsteht eine Gefühlslücke. Können z.B. Eltern, Freunde, Bekannte bestimmte Gefühlslücken beim Kind nicht füllen, findet es andere Wege, sie zu füllen.

Es wird auch Situationen geben, wo keine Veränderungen möglich sind. Hier bleibt uns nichts Anderes übrig, als die Situation so zu akzeptieren, wie sie ist und die Weisheit dahinter zu verstehen. Es bringt dann nichts, seine Energie fürs Jammern zu verschwenden und sich verrückt zu machen. Viel effektiver ist es, zu lernen, mit der neuen Lebenssituation umzugehen (vgl. SW, 2022). Man kann dann versuchen, z.B. den "Sinn" in einem Leid zu entdecken und die Verletzung in unser Leben einzuordnen.

Nicht nur mit dem Auge sehen

Es sind nicht die Blicke, die blind sind, sondern blind sind die Herzen. Die Existenz von Etwas nur auf das Sehen zu beschränken, engt uns ein. Nicht nur das, was wir sehen, existiert. Sondern auch darüber hinaus vieles andere, wie z.B. Gefühle oder Verstand.

Nur mit dem Auge zu sehen, begrenzt die Existenz auf Materielles. Wenn wir uns nur auf die physischen Sinne verlassen, begrenzen wir unser Wissen auf das Materielle (vgl. Hill, 2020, S. 224). Immaterielles, was also nicht stofflich oder körperlich zu sehen ist, existiert jedoch auch. Sie wahrzunehmen, gelingt uns mit anderen Sinnen.

So gibt es viele Dinge, die existieren, aber für das menschliche Auge unsichtbar sind. Doch das bedeutet nicht, dass wir sie nicht wahrnehmen können.

Vertrauen und Liebe können wir nicht sehen, wir können sie jedoch spüren. Ja manchmal spüren wir sogar, dass ein Unglück kommt. Wir fühlen es. Sei es mit dem "siebten Sinn" oder durch bestimmte Instinkte. Vor allem das Mutterinstinkt hat eine unglaubliche Wahrnehmung. Wir können also mit all unseren Sinnen sehen.

Auch Gerüche können wir mit dem Auge nicht sehen. Wir wissen aber, dass sie existieren, in dem wir sie durch unsere Nase wahrnehmen. Wir können eine Vielzahl von Düften wahrnehmen, die für das bloße Auge unsichtbar sind.

Ein weiteres Beispiel ist der Geschmackssinn. Wir können nicht sehen, wie ein Kaffee oder ein leckerer Schokoladenkuchen schmeckt, aber wir können den Geschmack deutlich schmecken. Vielleicht fühlen wir den Geschmack sogar jetzt gerade, obwohl nichts vor uns ist.

Auch können wir nicht sehen, wie das Gesang eines Vogels oder die Stimme einer geliebten Person aussieht, wir können es aber mit dem Gehörsinn wahrnehmen.

Viele Sinne ermöglichen es uns, eine Welt zu erkunden, die für das bloße Auge unsichtbar ist. Leider sind diese Sinne jedoch nicht geschärft, da im Zeitalter des Materialismus nur das sehende "Auge" zählt. Menschen, die ihre Augen nicht nutzen können, nutzen aber dafür andere Sinne viel schärfer.

Daher sollten wir auch unsere anderen Sinne nutzen, um die Welt in ihrer ganzen Vielfalt zu erleben. Wir werden dann eine viel reichere und tiefere Erfahrung der Welt haben. Wir werden die Schönheit der Natur, die Liebe und das Mitgefühl anderer Menschen und die Schönheit der eigenen Gedanken und Gefühle wahrnehmen. Auf diese Weise können wir auch ein tieferes Verständnis von uns selbst und der Welt um uns herum gewinnen.

Vergängliche Liebe oder Ewige Liebe

Im gesamten Universum sehen wir, dass es die positive Kraft ist, die alles zusammenhält. Negatives bringt nur Zerstörung, Hass und Gewalt.

Etwas zu zerstören (Negatives) dauert nur wenige Sekunden, doch der Aufbau (Positives) braucht Zeit, Geduld und Liebe.

Liebe ist die Essenz des Positiven. Sie hält alles im Universum zusammen. Sie ist das Bindeglied zwischen allem Existierenden, materielles wie immaterielles.

Sie ist universell und besteht nicht nur zwischen den beiden Geschlechtern, sondern mit der gesamten Umwelt.

Das Positive ist also der Kern, der alles zusammenhält. Liebe ist ein Produkt dieses Kerns. Wenn sich die Liebe entfaltet, profitiert davon die Gesamtgesellschaft.

Das soll aber kein Romantizismus sein. Wir sehen in der Umwelt, dass es die Liebe ist, die Lebensenergie verleiht.

Spätestens seit Patch Adams wissen wir, dass Liebe und Humor einen beeindrucken Einfluss auf unsere physische und seelische Gesundheit haben.

Das Herz eines jeden Menschen schreit nach Liebe. Sei es die Liebe zu einem Mitmenschen, zu seinem Garten oder zu etwas Anderem. Der Mensch braucht die Liebe.

Jede vergängliche Liebe jedoch, lässt Schmerzen zurück. Weil das, was man lieb, endlich ist, wird das Bedürfnis nach ewiger Liebe auf diese Weise nicht gestillt. Liebt man einen Menschen, stirbt es irgendwann. Liebt man sein Auto, wird es irgendwann verschrottet. Liebt man sein Garten, verrottet es.

Der Mensch hat aber ein Bedürfnis nach ewiger Liebe. Es ist ein menschliches Grundbedürfnis. Daher macht ihn alles vergängliche traurig, noch bevor das Objekt der Liebe vergangen ist.

Schlusswort

Erinnern wir uns noch ein einmal an die Eingangs erzählte Geschichte. Zwei Schwestern wollten einen weisen Mann prüfen, in dem sie einen Schmetterling in einer Faust festhielten und den Mann fragten, ob der Schmetterling in der geschlossenen Faust tot oder lebendig sei. Falls der Mann sagen würde, dass der Schmetterling tot sei, würde die Schwester ihre Faust öffnen und der lebendige Schmetterling würde zu Tage kommen. Falls der Mann aber behaupten würde, der Schmetterling sei am Leben, würde sie die Faust festzudrücken und so das tote Schmetterling hervorbringen. Der weise Mann schaute in die Augen der Schwester und antwortete: „Ob das Schmetterling lebt oder stirbt, liegt in deiner Hand!"

Wie wir die Umstände in unserem Leben betrachten, liegt in unserer Hand.

Wenn wir einen Perspektivenwechsel einnehmen, können wir sehen, dass auch die scheinbar negativen Dinge in unserem Leben vielleicht doch nicht so negativ sind.

Mit einer generell positiven und realistischen Sichtweise können wir die Weisheiten hinter den scheinbar negativen Dingen sehen.

In dem wir unsere Energie nicht in vergangene Krisen investieren und so gefangen in der Vergangenheit sind, können wir die Zustände in unserem Leben besser interpretieren und einordnen.

Dabei ist es wichtig, mit Unglück und Misserfolgen richtig umzugehen. Eine optimistische Sichtweise führt dazu, dass wir nicht aufgeben, sondern weitermachen. Achtsam durch die Welt zu gehen, eröffnet uns die Tür zur Dankbarkeit und Wertschätzung. Flexibilität ermöglicht uns, neue Wege für alte Probleme zu suchen. In all dem ist es jedoch wichtig, ein Gleichgewicht herzustellen.

Erst wenn wir tatsächlich inneren Frieden und Zufriedenheit erlangt haben, werden wir uns auch langfristig und nachhaltig erfolgreich fühlen.

Manche Antworten findet man eben nicht, in dem man sie sucht, sondern in dem man lebt. Man begegnet ihnen, ohne dass man sie aktiv gesucht hat.

Literatur vom Herzen

- Achor S.: The Happiness Advantage. The Seven Principles of Positive Psychology That Fuel Success and Performance at Work. Crown Business: New York, 2010
- Boeing N., Hürter T.: Denken wie die Kinder. Die grosse Kraft der Naivität. In: Zeit Wissen, 2/2023, S. 20-31
- Bruno T., Adamczyk G.: Körpersprache. Haufe: München2004
- Byrd R. C.: Positive Therapeutic Effects of Intercessory. Prayer in a Coronary Care Unit Population. In: Southern Medical Journal, Vol. 81, Nr. 7, Juli 1988, S. 826-829
- Cialdini R.: Pre-Suasion. A Revolutionary Way to Influence and Persuade. Simon & Schuster: New York, 2016
- Clear J.: Die 1%-Methode. Minimale Veränderung. Maximale Wirkung. Goldmann: München, 2020

- Eberle, U.: Wie kann ich meine Seele schützen. In: Die Zeit Doctor, Nr. 46, 2019, S. 4-11
- Ehm S., Utsch M. (Hrsg.): Kann Glauben gesund machen? Spiritualität in der modernen Medizin. EZW Texte. 181/2005. Evangelische Zentralstelle für Weltanschauungsfragen: Berlin, 2005
- Ehm S., Utsch M. (Hrsg.): Religiöse Krankheitsbewältigung. Zur Rolle von Christentum und Islam im Umgang mit psychischen Erkrankungen. EZW Texte. 208/2010. Evangelische Zentralstelle für Weltanschauungsfragen: Berlin, 2010
- Hamdan A.: Cognitive Restructuring: An Islamic Perspective. In: Journal of Muslim Mental Health, 3, 2008, S. 99-116
- Heidenreich E.: Die Chancen deines Lebens. In: Zeit Wissen, 4/2022, S. 20-29
- Henschel U.: Von Natur aus Gut. In: Geo Wissen. Die Welt verstehen. Nr.35, 2005, S. 28-34
- Hill N.: Think and grow rich. Finanzbuch Verlag: München, 2020
- Hüther G., Burdy R.: Wir informieren uns zu Tode. Ein Befreiungsversuch für verwickelte Gehirne. Herder: Freiburg, 2022
- Izgören A. S.: Avcunuzdaki Kelebek. Elma Yayınevı: Istanbul, 2004
- Jung C. G.: Die Beziehungen der Psychotherapie zur Seelsorge.: Rascher & Cie.a.-g. Verlag: , 1932
- Kahneman D.: Schnelles Denken, langsames Denken. Penguin: München, 2016

- Kahneman D., Sibony O., Sunstein C. R.: Noise. Was unsere Entscheidungen verzerrt – und wie wir sie verbessern können. Siedler-Verlag: München 2021
- Kara S., Schnabel U.: Da platzt mir der Kopf: In: Die Zeit, 44/2022, S. 33-34
- Kendler K., Liu X., Gardner C., McCullough M., Larson D., Prescott C.: Dimensions of religiosity and their relationship to lifetime psychiatric and substance use disorders. In: American Journal of Psychiatry, 160 (3), 2003, S. 496-503
- King D. E., Bushwick B.: Beliefs and attitudes of hospital inpatients about faith healing and prayer. In: Journal of Family Practice, 39 (4), 1994, S. 349-352
- Kiyosaki R. T.: Rich Dad Poor Dad. Was die Reichen ihren Kindern über Geld beibringen. Finanzbuch Verlag: München, 2022
- Klein C., Berth H., Balck F. (Hrsg.): Gesundheit – Religion – Spiritualität. Konzepte, Befunde und Erklärungsansätze. Beltz Juventa: Weinheim, 2011
- Koenig H. G.: Elderly suicide, mental health professionals and the clergy: A need for clinical collaboration. In: Death Studies, 20, 1996, S. 495-509
- Koenig H. G., McCullough M.E., Larson D.B., Hoyt W. T., Thoresen C.: Religious Involvement and Mortality: A Meta-Analytic Review. In: Health Psychology, Vol.19, Nr. 3, 2000, S. 211-222
- Koenig H. G., McCullough M.E., Larson D.B.: Handbook of Religion and Health. Oxford University Press: New York, 2001
- Koenig H. G., King D. E., Carson V. E.: Handbook of Religion and Health. 2. Auflage. Oxford University Press: New York, 2012

- Levin J.: God, Faith, and Health. Exploring the Spirituality-Healing Connection. Wiley: New York, 2002
- Loftus E.: Leading questions and the eyewitness report. In: Cognitive Psychology 7, 1975, S. 560-572
- Mahrebian A., Ferris S. R: Inference of attitudes from nonverbal communication in two channels. In: The Journal of Coumselling Psychology. 31 (3), 1967, S. 248-252
- Martinez D.: RX: Prayer-health care gets a dose of spirituality. In: National Catholic Reporter, 30 (24), 1994, S. 1-3
- Matthews D. A., Clark C.: The faith factor: Proof of the healing power of prayer. Penguin Books: New York, 1998
- Mattison D., Jayaratne S., Croxton T.: Social workers´ religiosity and its impact on religious practice behaviors. In: Advances in Social Work, 7 (1), 2000, S. 43-59
- Neuberger S., Lenz C., Seidler I.: Systemische Familientherapie. Facultas: Wien, 2020
- Oettingen G.: Die Psychologie des Gelingens. Pattloch: München, 2015
- Pausch R.: The Last Lecture. Hodder: London, 2008
- Renz M.: Grenzerfahrung Gott. Spirituelle Erfahrungen in Leid und Krankheit. Herder Spektrum: Freiburg im Breisgau, 2003
- Şahinöz C.: Pozitif ol. Pozitif bak. Zafer Yayınları: Istanbul, 2016
- Şahinöz C.: Wer Bist Du? Die Reise des Menschen. 12. Auflage. Astec: Bochum, 2018

- Şahinöz C.: Kalbinizle yaptığınız her şey, size geri dönecektir. Kitap Arası: Istanbul, 2020
- Schlippe A., Schweitzer J.: Systemische Intervention. Vandenhoeck & Ruprecht: Göttingen, 2009
- Schulz von Thun, F.: Miteinander reden 1. Rowohlt: Hamburg, 1981
- Seel C.: Heilung durch Glaube. Im Internet (Zuletzt Abgerufen: 12.12.2011): http://www.gesund-magazin.de/artikel/heilung, 2011
- Seligman M.: Flourish - Wie Menschen aufblühen. Die Positive Psychologie des gelingenden Lebens. Kösel: München, 2012
- Sharot T.: Das optimistische Gehirn. Springer: Berlin, 2014
- Smith T., McCullough M., Poll J.: Religiousness and depression. Evidence for a main effect and the moderating influence of stressful life events. In: Psychological Bulletin, 129 (4), 2003, S. 614-636
- Spannbauer C.: Die heilende Kraft der Vergebung. In: Bewusster Leben, Nr. 4, 2016, S. 84-87
- SW Zeitsschrift: Angriffen trotzen. In: Test Zeitschrift, 12/2022, S. 92-94
- Van der Meulen K.: Mindlift. Mentale Fitness für das perfekte Mindset. Finanzbuch Verlag: München, 2020
- Watzlawick P: Anleitung zum Unglücklichsein. Vom Schlechten des Guten. Piper: München, 2006

Zum Autor

Dr. Cemil Şahinöz, geboren 1981, (Soziologe, Religionspsychologe), ist als Autor, Journalist, Seelsorger, Integrationsbeauftragter, Familienberater und Glücksspielsuchtberater tätig.

Kontakt:
www.misawa.de
cemil.sahinoez@gmx.de
http://twitter.com/Cemil_Sahinoez
https://www.facebook.com/CemilSa
http://instagram.com/cemilshnz
https://www.youtube.com/user/Cemil4000
https://www.linkedin.com/in/dr-cemil-sahinöz-576799189/
https://www.xing.com/profile/Cemil_Sahinoez